# 枪术

## 全民健身项目指导用书

朱景宏 ◎ 主编

吉林出版集团股份有限公司　全国百佳图书出版单位

图书在版编目（CIP）数据

枪术 / 朱景宏主编. -- 2版. -- 长春：吉林出版集团股份有限公司, 2010.2(2024.8重印)
全民健身项目指导用书
ISBN 978-7-5463-2349-7

Ⅰ.①枪… Ⅱ.①朱… Ⅲ.①枪术（武术）- 中国 - 基本知识 Ⅳ.①G852.23

中国版本图书馆 CIP 数据核字(2010)第 028354 号

全民健身项目指导用书

# 枪 术

QIANGSHU

| 主　　编 | 朱景宏 |
|---|---|
| 责任编辑 | 黄 群　杜 琳 |
| 封面设计 | 吕宜昌 |
| 开　　本 | 650mm×960mm　1/16 |
| 印　　张 | 8 |
| 字　　数 | 30 千 |
| 版　　次 | 2010 年 2 月第 2 版 |
| 印　　次 | 2024 年 8 月第 4 次印刷 |
| 出版发行 | 吉林出版集团股份有限公司 |
| 地　　址 | 吉林省长春市福祉大路 5788 号 |
| 邮　　编 | 130000 |
| 电　　话 | 0431-81629968 |
| 电子邮箱 | 11915286@qq.com |
| 印　　刷 | 三河市金兆印刷装订有限公司 |
| 书　　号 | ISBN 978-7-5463-2349-7　　定　价　39.80 元 |

版权所有　翻印必究
如有印装质量问题，请寄本社退换

自1995年我国政府推出《全民健身计划纲要》以来,我国群众性体育活动蓬勃发展,取得了显著的成绩。2008年,举世瞩目的北京奥运会的成功举办,极大地激发了亿万人民群众的体育热情,增强了全社会的体育意识,营造了浓厚的全民健身氛围。面对这样的可喜局面,群众体育科研、教学工作者应义不容辞地为社会实践服务,从不同角度思考,如何使普通百姓通过简而易行的身体锻炼方式、方法和手段达到良好的健身效果,达到拥有健康的目标,从而享受生活、享受快乐人生。该书系就是在这样的思想指导下诞生的。

本书系能够顺应国家体育的大政方针,掌握时代脉搏,对指导大众健身,使大众掌握健身方法和手段有很好的促进作用。

本书系图文并茂,实用性强,分为球类运动、体操健身运动、传统武术、冰雪运动、水上运动、体育舞蹈、休闲运动、格斗运动、民间体育活动和极限运动等十大类项目,计100分册,按照统一的体例,力争有所创新。每册的具体内容为该项目的起源与发展、运动保健、基本技术、运动技巧、比赛规则等,使读者在学习过程中,不仅能够学会运动健身的方法,同时还能够学到保健方面的基本知识。

经国务院批准,自2009年起,将每年的8月8日定为"全民健身日"。《全民健身项目指导用书》的出版,必将为开展全民健身活动起到积极的推动和指导作用。

# 目录 CONTENTS

## 第一章 概述
第一节 起源与发展/002
第二节 场地器材和装备/004

## 第三章 基本技术
第一节 基本动作/028
第二节 枪术/036

## 第二章 运动保健
第一节 自我身体评价/008
第二节 运动价值/012
第三节 运动保护/016

# 目录 CONTENTS

**第四章** 国际规定套路
第一节 第一段/064
第二节 第二段/084
第三节 第三段/097
第四节 第四段/106

**第五章** 基本规则
第一节 比赛方法/116
第二节 裁判方法/117

# 第一章 概述

枪为武术常用器械之一,被称为"长兵之帅",由古代的矛和戈发展演变而来。枪术则是中国传统武术项目的一种。随着历史的不断变迁,枪术不断发展和演进,以它独特的魅力得到普及和发展。

## 第一节 起源与发展

枪术历史悠久,因其攻坚破阵有奇效,受到古代军事家的重视,是古代军队的主要装备之一,也因此发展了丰富多彩的枪术练习方法。在不同的武术流派中,都有各自的枪术套路。

概述

枪术的历史悠久,带有鲜明的技击性,主要动作有拦、拿、扎等。枪是一种古代的兵器,由矛和戈演变而来。《吕氏春秋》记载:"未有蚩尤之时,民固剥林木以战矣。"这表明木棍、木矛在远古时期就是兵器的一种。商周时代出现了"夷矛""酋矛"。秦汉时代长矛已演变成长枪。三国时期出现了铁头长枪。晋代,枪的枪头变得短而锋利。

《隋书·经籍志》所载《马槊谱》就是介绍枪术的专著,说明隋代已经有了枪术的套路练法。宋代的枪术更加精进和普及,不但有杨家将的杨家枪和岳家军的岳家枪威震四方,而且枪术在民间也广为流传。到了明朝,枪术除了作为战阵中的军事武艺,在民间也有了极大的发展,有"使枪之家十七"的说法,如梨花枪、沙家枪、马家枪和峨眉枪等。晚清时期,枪术套路内容也十分丰富,除杨家枪外,还有六合枪、四平枪、锁口枪和五虎断门枪等。

中华人民共和国成立后,武术成为社会主义文化和体育事业的一个组成部分,得到了蓬勃发展。枪术也随着武术的发展而发展,逐渐走上规范化道路,成为全民健身运动的有机组成部分。

 传播

目前，枪术已成为现代中国体育的有机组成部分，枪术以拦、拿、扎为主要动作，加上劈、摔、穿、缠、舞花等枪法所组成的套路练习，技术内容丰富，身法多变，腾挪灵活，反转自如，演练时缠绕圆转，轻灵稳健，具有很强的韵律感和健身效果，深受人们的喜爱。

1950年，中华全国体育总会召开武术座谈会，倡导发展武术运动。中华人民共和国第一届全国运动会就设有枪术运动项目，这也在无形当中提高了枪术在武术比赛中的独特地位。

20世纪50年代后，武术的研究整理工作也有所进展，国家体委有关部门组织部分武术工作者研究、整理、出版了关于枪术等武术套路的书籍，使枪术的发展走向了新的宽广的道路。

 发展趋势

我国的枪术内容丰富，形式多样，风格独特，运动简便，老少皆宜，具有广泛的群众基础。长期习练可以提高身体的协调性、灵敏性和柔韧性，有助于身体各部位的均衡发展，改善神经系统机能，对心血管系统有良好的作用。因此，随着全民健身运动的蓬勃发展，枪术已成为各地全民健身的热门项目。

## 第二节 场地、器材和装备

枪术运动的动作形式多样，内容活泼，具有很强的观赏性和艺术性。同时它对场地、器材和装备都有明确的要求。高质量的场地是枪术运动开展的前提，而良好的器材和装备是活动参与者发挥较高水平的必要保障。

初学者可以在正规的比赛场地或空地上进行枪术练习；但是，高水平的枪术运动最好在正规的武术场馆进行，以减少不必要的运动损伤。

### 规格

（1）单练和对练项目的场地长 14 米，宽 8 米；
（2）集体项目的场地长 16 米，宽 14 米；
（3）场地四周内沿应标明 5 厘米宽的边线，其周围至少有 2 米宽的安全区；
（4）在场地的两条长边中间各有一条长 30 厘米，宽 5 厘米的中线标记；
（5）集体项目的场地四周内沿应标明 5 厘米宽的边线，其周围至少有 1 米宽的安全区。

### 设施

正规的比赛场地应该铺设地毯。

### 要求

（1）比赛场上空，从地面量起至少有 8 米的无障碍空间；

（2）如设两个以上比赛场地，两场地之间应有 6 米以上的距离。

枪术运动的基本动作和套路动作都是通过红缨枪来完成的。

（1）枪的全长不得短于本人直立直臂上举时从脚底到指端的长度；

（2）枪缨的长度不得短于 20 厘米；

（3）枪杆中线以下任何部位的直径，成年男子不得少于 2.3 厘米，成年女子不得少于 2.15 厘米，少年男子不得少于 2.15 厘米，少年女子不得少于 2 厘米。

（1）枪的前端称枪头，用金属制成，枪头最前端的尖锐部分称枪尖，枪头前半部两侧锋利部分称枪刃；

（2）枪身也称枪杆，木质（白蜡杆），枪身分三段：靠近底端为根段（也称把段），中间部分为中段，靠近枪头为梢段；

（3）枪头与枪身交接处的鬃状饰物称枪缨，呈红色。

枪术运动的服装一般都是中式对襟中装，初学者在练习时最好穿专门的武术服和武术鞋，这样既有利于动作的练习和美观，同时又可避免不必要的运动损伤。

 服装

 款式

(1)女子为中式半开门小褂(长袖或短袖自定),5对中式直袢,男子为中式对襟小褂(长袖或短袖自定),7对中式直袢;

(2)灯笼袖,袖口处加两对中式直袢;

(3)扎软腰巾,中式裤,西式腰,襟和立裆要适宜。

材质

服装舒适即可,原料的选择一般有以下原则:

(1)如果枪法沉着,步法稳健,选用平绒面料,效果比较好;

(2)如果枪法潇洒,犹如飞凤,应选择双绉或绸缎的面料为好。

鞋

比赛和表演中常见的是以羊皮或帆布制面、软胶制底的武术表演专用鞋。这种鞋既舒服又美观。

# 第二章 运动保健

体育运动对增强体质、预防疾病和促进健康具有良好的作用。但是,并非所有人从事相同的运动都会达到同样的效果。对于同一种运动负荷,不同人机体的反应差异是很大的,即使同一个体,在不同时期、不同机能状态下,对同一负荷的反应及效果也是不一样的。因此,对于不同个体,应制定适合其机能需要的运动强度、时间、频率和持续周期。从事体育锻炼一定要讲究科学性,使机体最大限度地获得运动价值,使某些疾病得到有效的防治。

## 第一节 自我身体评价

自我身体评价是指根据个体的不同情况以及简单的功能评定标准，对锻炼者进行身体评价，并以此为依据，确定具体的锻炼内容。

### 适宜人群

体适能是全身适应性的一部分，是人体精神和体力对现代生活的适应能力。为了促进健康，预防疾病，提高生活质量和工作学习效率，几乎所有人都可以追求健康的体适能，而且经过简单的评价和测试，均可以成为目标人群，即适宜人群。

### 健康体适能评价标准

健康体适能是指身体有足够的活力和精力处理日常事务，而不会感到过度疲劳，并且还有足够的精力去享受休闲活动和应对突发事件。

健康体适能是确定锻炼者是否为运动适宜人群的主要依据。目前的评价标准主要包括国民体质测定标准、学生体质测定标准和普通人群体育锻炼标准等。

国民体质测定标准主要包括形态指标、机能指标和素质指标3个部分，各项指标的测定结果均为1~5分，共5个级别。凡各项指标达不到4分或5分者，均应被纳入健身人群。

学生体质测定标准分为优秀、良好、及格和不及格4个级别。优秀水平以下者，均应被纳入健身人群。

普通人群体育锻炼标准分为5个级别，凡达不到4分或5分者，均应纳入健身人群。

## 简易运动功能评定

简易运动功能评定的目的在于确定运动对象有无运动禁忌症或临时运动禁忌的情况,即是否适合参加体育锻炼,以达到防备万一,避免意外事故发生的目的。目前通行的方式是3分钟踏台阶测试。

### 目的

测试锻炼者运动后心率恢复的情况,以评估其心肺功能。

### 器材 见图2-1-1

30厘米高的长凳、节拍器、秒表和时钟。

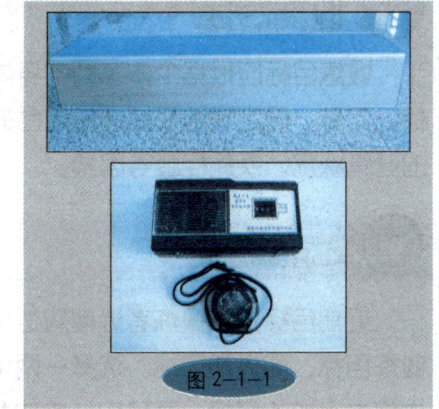

图 2-1-1

### 步骤 见表2-1-1

(1)节拍器设定为每分钟96次,锻炼者依"上上下下"的节拍运动3分钟。

(2)锻炼者完成3分钟踏台阶后,5秒钟内开始测量其脉搏,时间为1分钟,记录其心率,并依据下表评价其功能水平。

(3)运动后心率越低,证明其心肺功能越好。在运动强度允许的范围内,锻炼者可选择运动强度的较高值来进行运动。

表2-1-1 3分钟台阶测试评价表

| | 年龄(岁) | 欠佳(次) | 尚可(次) | 一般(次) | 良好(次) | 优异(次) |
|---|---|---|---|---|---|---|
| 男士 | 18~25 | >115 | 105~114 | 98~104 | 89~97 | <88 |
| | 26~35 | >117 | 107~116 | 98~106 | 89~97 | <88 |
| | 36~45 | >119 | 112~118 | 103~111 | 95~102 | <94 |
| | 46~55 | >122 | 116~121 | 104~115 | 97~103 | <96 |
| | 56~65 | >119 | 112~118 | 102~111 | 98~101 | <97 |
| | 65+ | >120 | 114~119 | 103~113 | 96~102 | <95 |
| 女士 | 18~25 | >125 | 117~124 | 107~116 | 98~106 | <97 |
| | 26~35 | >128 | 119~127 | 111~118 | 98~110 | <97 |
| | 36~45 | >128 | 118~127 | 110~117 | 102~109 | <101 |
| | 46~55 | >127 | 121~126 | 114~120 | 103~113 | <102 |
| | 56~65 | >128 | 118~127 | 112~117 | 104~111 | <103 |
| | 65+ | >128 | 122~127 | 115~121 | 101~114 | <100 |

### 注意事项

如受试者经过努力仍无法完成测试，或出现头晕、胸闷、出冷汗等症状，应终止测试。运动中应特别考虑运动强度，以防出现意外。

### 锻炼目标

锻炼目标应根据个体不同的身体状况来确定，可分为近期目标和远期目标。此外，确定锻炼目标还应结合锻炼者的运动意向、愿望和兴趣以及本人的健康状况、疾病程度等因素。

#### 近期目标

近期目标是指锻炼者近期应达到的目标。在进行运动之前，应首先明确锻炼目标，即近期目标。选择一两个健康体适能构成要素，作为未来两个月内努力完成的目标，而且应从成功概率较高的构成要素开始，并将预期两个月后要达到的目标做上记号，如提高某个或某些关节的活动幅度，增强某个肌肉群的力量等。

#### 远期目标

远期目标是指锻炼者最终要达到的目标。实践证明，经过科学合理的锻炼后，锻炼者是可以达到一般的远期目标的，如提高心肺功能，使其达到优秀的等级，或达到降血脂、防治高血压和冠心病的目的等。

### 运动负荷

运动负荷即运动量。怎样控制运动量，合适的运动时间是多少等，一直是人们争论不休的问题。但有一点是可以肯定的，那就是任何有关身体活动的意见和建议，都需要综合考虑锻炼者的身体状况和所要达到的目标，并以此为依据来制订科学的身体锻炼计划。

 **运动强度**

运动过程中,运动强度过小,达不到锻炼的效果;运动强度过大,不仅达不到最佳的锻炼效果,还可能产生一些副作用,甚至出现意外事故。确定运动强度有两种方法。

**心率简易推测法**

(1)年龄在 20 岁左右的年轻人,身体健康,能坚持体育锻炼,欲进一步提高身体机能,可取最大心率值(最大心率值=220-年龄)的 65%～85%。

(2)年龄在 45 岁以下,身体基本健康,有运动习惯者,开始进行健身锻炼,可取最大心率值的 65%～80%,没有运动习惯者,开始进行健身锻炼,可取最大心率值的 60%～75%。

(3)年龄在 45 岁以上,身体基本健康,有运动习惯者,开始进行健身锻炼,可取最大心率值的 60%～75%,没有运动习惯者,建议根据自身情况咨询专业人员来指导和确定运动强度。

**主观感觉疲劳分级表推测法** 见表 2-1-2

运动的疲劳程度大致分为 10 级,具体为:0～1 级,没感觉;2～3 级,尚轻松;4～5 级,稍累;6～7 级,累;8～9 级,很累;10 级,精疲力竭。因此,健身锻炼的运动强度应控制在主观感觉疲劳程度的 4～7 级。

表 2-1-2 主观感觉疲劳分级表

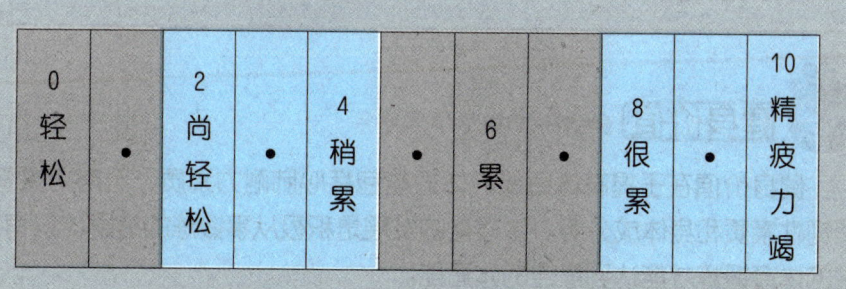

### 运动频率

运动频率是指每日及每周锻炼的次数。一般每周锻炼 3～4 次，即隔日锻炼 1 次即可。有充足的休息时间，可使身体得到充分的休息，收到更好的锻炼效果。

### 运动持续时间

运动强度和运动持续时间，决定了一次锻炼的运动量和热量消耗。运动持续时间与运动强度成反比，运动强度大，运动持续时间可相应缩短，运动强度小，则运动持续时间应相应延长。

一般的健身锻炼，运动持续时间以每天 20～60 分钟为宜，其中包括准备活动时间、健身锻炼时间和整理活动时间。每次健身锻炼应在 20 分钟以上，锻炼可一次性完成，也可分段进行，但每段的活动时间应在 10 分钟以上。

## 第二节 运动价值

运动价值一直是人们探讨的问题，一般认为运动具有两方面的价值，即健身价值和心理价值。身体和精神的健康是相互依存的，伴随着身体功能的改善，精神状况逐渐也能同时得到改善。

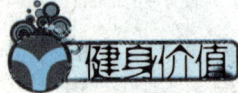
### 健身价值

健身价值在于提高体适能。体适能包括心肺耐力素质、肌肉力量素质、柔韧性素质和身体成分等。体适能的发展是积极从事锻炼的结果，只有规律性的体育锻炼才能达到最佳的体适能。

## 提高心肺耐力素质

心肺耐力是指全身肌肉进行长时间运动的持久能力，是体内心肺系统对身体各细胞的供氧能力。人体的心脏、肺、血管、血液等组织的功能是心肺耐力的基础，它们与氧气和营养物质的输送以及代谢物的清除有关。健全的心肺功能是健康的基本保证。

系统的体育锻炼，可以使心肌增厚，收缩力加强，心室容积增大，从而使心脏的泵血功能增强，表现为心血输出量增加。

系统的体育锻炼，呼吸系统机能也将得到提高，表现为呼吸肌的力量增强，肺活量、肺通气量明显增加，保证对机体供氧的能力。

系统的体育锻炼，可以促进血管系统的形态、机能和调节能力产生良好的适应力，从而提高机体的工作能力。

系统的体育锻炼，可以使血液系统产生某些适应性变化，如血容量增加、血黏度下降、红细胞膜弹性增强和红细胞变形能力增强等。

## 提高肌肉力量素质

肌肉力量是指肌肉最大收缩产生的对抗阻力或负荷的能力。肌肉力量只有达到一定的程度，才能克服外界阻力，而克服外界阻力是维持日常生活自理、从事各种劳动和运动的必要前提。

系统的体育锻炼，可以提高肌肉的生理横断面积，可以改善神经系统对肌肉收缩的支配功能，还可以提高肌肉内代谢物质的储备量，使肌肉力量得到提高。

## 提高柔韧性素质

柔韧性是指人体各关节的活动幅度，即关节的肌肉、肌腱和韧带等软组织的伸展能力。柔韧性对于保证正常生活质量、维持正常体态、预防损伤发生和减轻损伤程度等方面均起到至关重要的作用。

系统的体育锻炼，还可以延缓因年龄因素而导致的柔韧性下降，预防因缺乏运动而导致的关节结构、周围软组织和膝关节肌肉退化，从而使锻炼者的日常生活、劳动和运动等更加充满活力。

## 改善身体成分

身体成分是指人体体重中的脂肪组织和去脂组织的重量百分比。身体成分中的脂肪成分增加，肌肉成分必然下降。身体中不具备收缩功能的脂肪组织增加，必然导致身体进行各种活动的能力下降，基础代谢水平降低，肥胖症、冠心病、高血压、糖尿病、高血脂等慢性疾病发病率的提高。因此，身体成分是保证人体健康的重要内容之一。

通过系统的体育锻炼，随着锻炼者体质的增强，热量消耗便随之增加，进而燃烧掉体内多余的脂肪，使身体成分得到改善。而身体成分的改善，又可以减少体重对关节可能带来的不利影响，还可以使肥胖者的心理状况得到改善，增强其自信心，使其逐步建立起健康的生活方式。

## 心理价值

研究证明，有规律的体育锻炼不但可以使锻炼者增强体质、促进身体健康、预防一些慢性疾病，还可以提高锻炼者的生活满意度和生活质量，对其心理健康产生积极影响。

体育锻炼的心理健康效应主要表现在六个方面：

## 改善情绪状态

### 短期效应

研究发现，体育锻炼对人的情绪状态具有显著的短期效应。运动后人们的焦虑、抑郁、紧张和心理紊乱等症状会明显减轻，而精力和愉快程度则会明显增强。而且这种情绪的迅速变化，与锻炼者个体的健康状况、活动形式和活动强度等有着直接的联系。

### 长期效应

体育锻炼对人情绪的长期效应有着直接的影响，与不锻炼者相比，有规律的锻炼者在较长时期内很少会产生焦虑、抑郁、紧张和心理紊乱等情绪。

**完善个性行为特征** 见表 2-2-1

人们的行为特征一般可以分为两种类型,用 A 型行为特征和 B 型行为特征来表示。A 型行为特征主要表现为性情急躁、争强好胜、容易激动、整天忙碌和做事效率高等。B 型行为特征主要表现为不好竞争、不易紧张、不赶时间、对人随和、喜欢自由自在等。具有 A 型行为特征的人由于过度紧张的情绪反应,会引起内分泌失调,增加心脏病发病的概率。目前的一些研究主要集中在体育锻炼对改变 A 型行为特征的作用方面。研究结果表明,有规律的体育锻炼能明显改变 A 型行为特征。

 表 2-2-1 A、B 型个性行为特征常见表现

| A 型行为特征者常见表现 | B 型行为特征者常见表现 |
| --- | --- |
| 约会从来不迟到 | 对约会很随便 |
| 竞争意识很强 | 竞争意识不强 |
| 别人要讲话时总爱抢先或插话 | 是别人讲话时很好的听众 |
| 总是匆匆忙忙 | 即使有压力也从不匆忙 |
| 等待时缺乏耐心 | 能够耐心等待 |
| 干事时全力以赴 | 处事漫不经心 |
| 同时想干很多事 | 在一段时间里只干一件事情 |
| 讲话喜欢用加强语气,甚至敲桌子 | 讲话语速缓慢、不慌不忙 |
| 做了好事希望能得到别人的认可 | 只要自己满意即可,不管别人怎样想 |
| 吃饭、走路都很快 | 做事情很慢 |
| 不善与人相处 | 为人随和 |
| 容易暴露自己的感情 | 能控制自己的感情 |
| 具有广泛的兴趣 | 没什么业余爱好 |
| 雄心壮志 | 满足于目前的工作和学习状况 |

 **确立良好自我概念**

自我概念是指个体对自己身体、思想和情感的主观整体评价,它由许多自我认识组成,包括我是什么人、我主张什么和我喜欢什么等。

坚持体育锻炼,可以使锻炼者体格强健、精力充沛、提高驾驭身体的能力,从而改善对自身的满意程度,确立良好的自我概念。

### 改变睡眠模式

根据脑电图的显示,人的睡眠可以分为两种状态,即慢波睡眠状态和快波睡眠状态。前者为浅度睡眠状态,后者为深度睡眠状态。一夜之间两种睡眠状态会交替发生 4~5 次。

有规律的体育锻炼不仅对慢波睡眠有促进作用,而且能缩短入眠的潜伏期,并延长睡眠的时间。

### 改善认知能力

体育锻炼还能改善人的认知过程,避免反应时间过长、注意力不集中和思维混乱等症状的发生,尤其对老年人的认知能力改善效果更为明显。

### 增加心理治疗效应

体育锻炼被公认为是一种心理治疗的好方法。目前人群中常见的心理疾患是抑郁症和焦虑症。研究发现,体育锻炼是治疗抑郁症的有效手段之一,抑郁症患者经过有规律的体育锻炼,抑郁症状能明显减轻。

体育锻炼还具有治疗焦虑症的作用,通过有规律的体育锻炼,可以使锻炼者的焦虑症状明显改善。

## 第三节 运动保护

在运动过程中,人体机能会随时发生变化。因此,应针对这种机能变化的特点来进行体育锻炼,也就是我们所说的运动保护。运动保护一般包括运动前准备、运动后放松和自我养护三个方面。

### 运动前准备

准备活动是指在正式运动之前进行的有目的的身体练习。做好充分的准备活动，可以缩短机体进入最佳状态的时间，同时还可以预防运动损伤的发生，为机体发挥最大的工作效率做好功能上的准备。

## 准备活动的作用

### 提高中枢神经系统兴奋状态

(1)使大脑反应速度加快，参加活动的运动中枢神经相互协调。

(2)为正式运动时生理机能达到适宜程度提前做好准备。

### 提高机体代谢水平

(1)准备活动可以使锻炼者体温升高，降低肌肉黏滞性，使肌肉的伸展性、柔韧性和弹性增强，从而有效预防运动损伤的发生。

(2)准备活动可以增强体内代谢酶的活性，使物质代谢水平提高，以保证运动时有较充分的能量供应。

### 克服内脏器官生理惰性

(1)准备活动可以提高心血管系统和呼吸系统的机能水平，使肺通气量及心血输出量增加。

(2)可以使心肌和骨骼肌的毛细血管扩张，使其工作肌获得更多的氧，从而克服内脏器官的生理惰性，使之尽快达到最佳状态。

### 增加皮肤毛细血管的血流量

准备活动可以使皮肤毛细血管的血流量增加，运动后毛细血管扩张，有利于散热，降低体温，有效防止开始正式活动时由于体温过高而影响运动能力。

## 准备活动要求

### 准备活动时间

(1)准备活动的时间可以根据运动项目的具体情况确定，一般以10～30分钟为宜。

(2)准备活动与正式运动的间隔时间，一般以不超过15分钟为宜，可以在做完准备活动后立刻进行正式运动。

### 准备活动强度

（1）准备活动的强度和量应较正式运动小，以免引起不必要的疲劳。

（2）准备活动的量可以由心率来决定，心率以100~120次／分为宜。

## 准备活动内容

### 一般性准备活动

一般性准备活动的内容多以伸展运动开始，然后进行一般性的跑步、徒手体操等活动。

下面介绍一套常用的一般性准备活动操，供锻炼者运动前使用。这套活动操主要包括头部运动、肩部运动、扩胸运动、体侧运动、体转运动、髋部运动和踢腿运动等。

**头部运动**

头部运动的动作方法（见图 2-3-1）：两手叉腰，两脚左右开立，做头部向前、向后、向左、向右，以及绕环运动。

图 2-3-1

### 肩部运动

肩部运动的动作方法（见图2-3-2）：手扶肩部，屈臂向前、向后绕环，以及直臂绕环。

### 扩胸运动

扩胸运动的动作方法（见图2-3-3）：屈臂向后振动及直臂向后振动。

### 体侧运动

体侧运动的动作方法（见图2-3-4）：两脚左右开立，一手叉腰，另一臂上举，并随上体向对侧振动。

### 体转运动

体转运动的动作方法（见图2-3-5）：两脚左右开立，两臂体前屈，身体向左、向右有节奏地扭转。

### 髋部运动

髋部运动的动作方法（见图2-3-6）：两脚左右开立，两手叉腰，髋关节放松，向左、向右360度旋转。

图2-3-2

图2-3-3

### 踢腿运动

踢腿运动的动作方法（见图 2-3-7）：两臂上举后振，同时一腿向后半步，重心置于前腿，两臂下摆后振，同时向前上方踢腿。

图 2-3-4

图 2-3-5

图 2-3-6

图 2-3-7

### 专门性准备活动

专门性准备活动的动作方法、节奏和强度等与正式锻炼相似，目的是使人体主要肌群在运动前得到动员，为正式锻炼做好准备。

## 运动后放松

运动后放松是指运动之后所进行的一些能够加速机体功能恢复的、较轻松的身体活动。与运动前准备活动相反，其目的是使锻炼者的生理机能水平逐步得到恢复。

### 放松方法

#### 运动性手段

（1）运动结束后，锻炼者可采用变换运动部位的方法来消除疲劳，如上肢出现疲劳时可做一些慢跑运动，下肢出现疲劳时可做一些上肢运动。

（2）转换运动类型也是一种不错的放松方法，如打羽毛球出现疲劳时，可从事瑜伽运动来达到放松的目的。

（3）还可以用调整运动强度的方法来缓解疲劳，如可以在放松过程中，采用小强度的轻微运动方法等。

#### 整理活动　见图 2-3-8

（1）整理活动是指运动后所做的一些能够加速机体功能恢复的身体活动，如剧烈运动后进行 3~5 分钟慢跑或其他整理活动，使身体机能得以恢复。

（2）剧烈运动后如不做整理活动而骤然停止动作，会影响氧气的补充和静脉血的回流，使机体血压降低，引起不良反应。

图 2-3-8

（1）在进行整理活动时动作应缓慢、放松，运动量不要过大，否则会引起新的疲劳。

（2）在进行整理活动时，应当保持心情舒畅、精神愉快。

锻炼后，锻炼者感觉身体疲劳是一种正常的生理现象，是体育锻炼过程中的正常反应，随着体育锻炼时间的延长，疲劳症状会自然消失。运动性疲劳出现后，锻炼者如果采用一些自我养护措施，可以加速身体机能的恢复，尽快消除疲劳，提高锻炼效果。常见的自我养护方法主要包括运动后休息、合理营养和物理手段等三种。

静止性休息　见图 2-3-9

（1）静止性休息是指锻炼者运动后保持机体相对的静止状态，以促进身体机能的恢复，尽快消除疲劳。

（2）静止性休息的最佳方式之一是睡眠，特别是刚开始从事锻炼者，身体不适应或疲劳症状明显时，更应该保证足够的睡眠，否则，锻炼者虽然积极参加了体育锻炼，但收效甚微，甚至会导致过度疲劳症状的发生。

（3）静止性休息更适合于消除全身运动导致的整体疲劳症状。

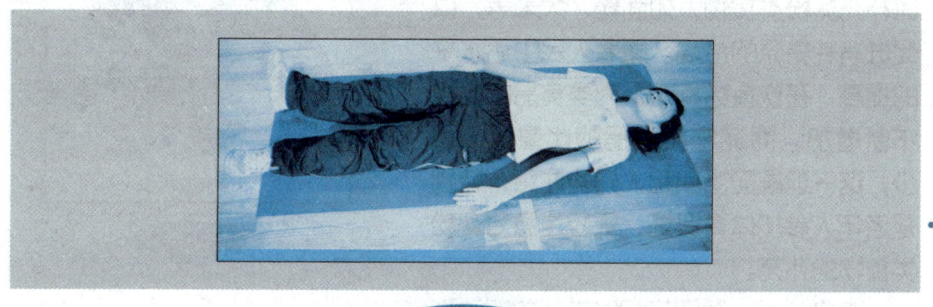

图 2-3-9

### 积极性休息　见图 2-3-10

（1）积极性休息更适合由于少量肌肉群参与工作而导致的局部疲劳，或运动强度较大而导致的快速疲劳。

（2）积极性休息可以加速血液循环，有利于代谢物排出体外，对促进身体机能的恢复具有明显的效果。

图 2-3-10

## ▼ 合理营养　见图 2-3-11

小强度、长时间的运动形式，主要是靠糖原的有氧代谢提供能量。运动后应及时补充淀粉类食物，如面粉、大米等，以促进消耗糖原的合成。随着人民生活水平的提高，在饮食结构中，肉类食品的比重不断增加，而淀粉类食品的比重逐渐减少，这一现象应当引起人们的注意，特别是老年人参加体育锻炼，更应注意对淀粉类食物的补充。

图 2-3-11

强度较大、时间又相对较长的运动形式，主要是靠糖原的无氧代谢提供能量。这样，糖原无氧代谢产物——乳酸便会在体内大量堆积。因此，运动后应多补充蔬菜、水果等碱性食品，以加速乳酸的清除，达到尽快消除疲劳的目的。

## ▼ 物理手段

### ❀ 按摩及牵拉　见图 2-3-12

（1）通过刺激神经末梢、皮肤结缔组织和毛细血管的按摩方法，可以使紧张的肌肉得以放松，从而改善局部组织和全身的血液循环，达到促进身体机能恢复的目的，这种方法可以在锻炼后马上进行。

（2）此外，还可以采取缓慢牵拉肌肉的方法，使收缩的肌肉得到充分的伸展放松。

### ❀ 水疗及电疗

（1）水疗包括芬兰式蒸汽浴、热水浴和桑拿浴等多种形式，主要作用是通过提高体温，促进血液循环，清除代谢物，以达到尽快消除疲劳、恢复体力的目的。

（2）水疗的时间一般以不超过 30 分钟为宜，如果时间过长，会进一步消耗体力，严重时甚至会出现暂时性脑缺血现象。

（3）如果条件允许，还可对疲劳的肌肉进行低频治疗。低频治疗仪的原理是模拟针灸疗法，使用时将电极用不干胶对称地粘贴在运动部位表皮上。这种疗法可以促进局部血液循环，改善组织代谢，缓解肌肉酸痛，消除疲劳。

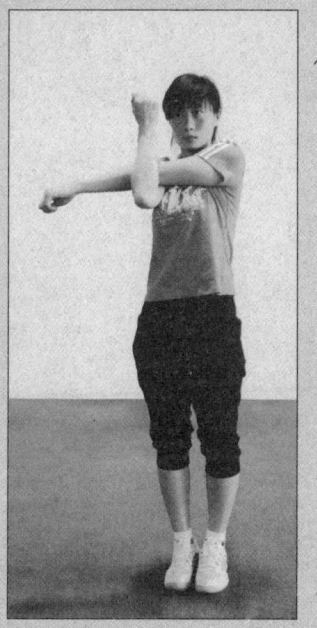

图 2-3-12

# 第三章 基本技术

枪术是武术竞赛长器械主要项目之一,身体动作的步形、步法、手形、手法、腿法、平衡等与枪法的技术,构成了枪术的基本技术动作。

## 第一节 基本动作

枪术的基本身体动作包括步形、步法、手形、手法、腿法、平衡等,熟练掌握这些动作对枪法技术的学习,起到关键的作用。

### 拳

**动作方法** 见图 3-1-1

四指并拢卷握,拇指紧扣食指和中指的第二指节。

**技术要点**

拳握紧,拳面平,直腕。

### 掌

**动作方法** 见图 3-1-2

掌四指并拢伸直,拇指弯曲紧扣于虎口处。

**技术要点**

四指并拢伸直,立腕。

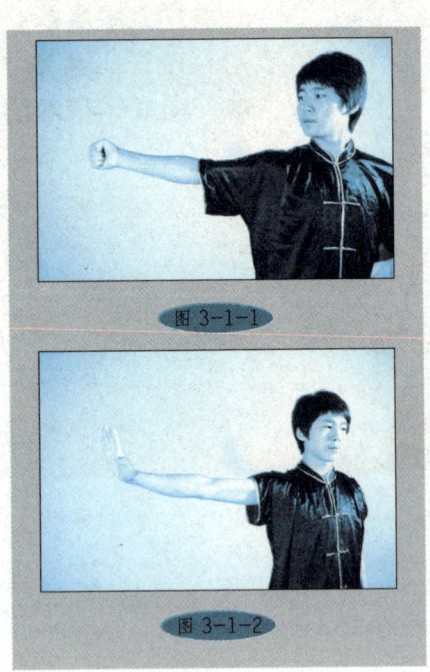

图 3-1-1

图 3-1-2

 勾

🌸 **动作方法** 见图 3-1-3

五指第一指节捏拢在一起，屈腕。

🌸 **技术要点**

五指伸直，屈腕。

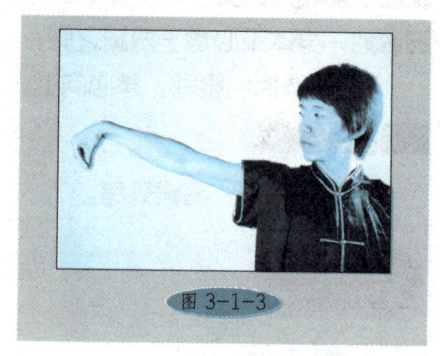
图 3-1-3

 步形

 弓步

🌸 **动作方法** 见图 3-1-4

（1）右脚向前一大步（约为本人脚长的 4～5 倍），脚尖略内扣，右腿屈膝半蹲（大腿接近水平），小腿垂直地面；

（2）左腿挺膝伸直，脚尖内扣（斜向前方），两脚全脚着地，上体正对前方，眼向前平视，两手抱拳于腰间，拳心向上；

（3）弓右腿为右弓步，弓左腿为左弓步。

图 3-1-4

🌸 **技术要点**

前腿弓，后腿绷；挺胸，塌腰，沉髋；前脚同后脚呈一条直线。

 马步

🌸 **动作方法** 见图 3-1-5

（1）两脚平行开立（约为本人脚长的 3 倍），脚尖正对前方，屈膝半蹲，

膝部不能超过脚尖，大腿接近水平，全脚着地，身体重心落于两腿之间；

（2）两拳抱与腰间，拳心向上。

### 技术要点

挺胸，塌腰，脚跟外蹬。

## 仆步

### 动作方法　见图 3-1-6

（1）两脚左右开立，右腿屈膝半蹲，大腿和小腿紧靠，臀部接近小腿，右脚全脚着地，脚尖和膝关节外展；

（2）左腿挺直平仆，脚尖里扣，全脚着地；

（3）右手抱拳于腰间，拳心向上，眼向左方平视；

（4）仆左腿为左仆步，仆右腿为右仆步。

### 技术要点

挺胸，塌腰，沉髋。

## 虚步

### 动作方法　见图 3-1-7

（1）两脚前后开立，右脚外展 45 度，屈膝半蹲，左脚脚跟离地，脚面绷平，脚尖略内扣，虚点地面，膝略屈，重心落在后腿上；

（2）两手叉腰，眼向前平视；

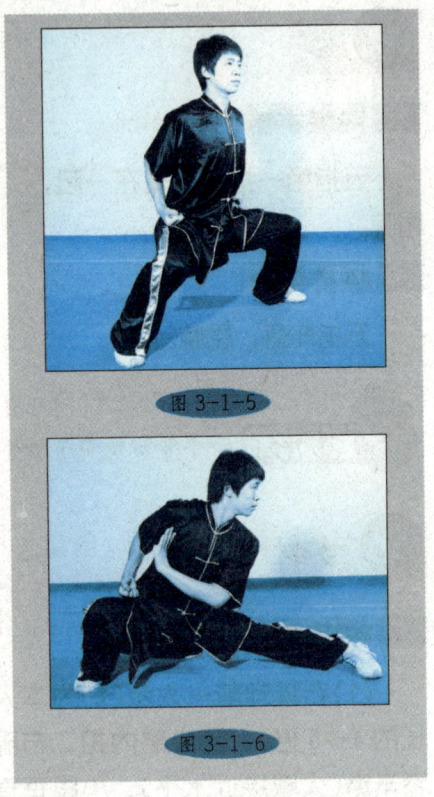

图 3-1-5

图 3-1-6

图 3-1-7

(3)左脚在前为左虚步，右脚在前为右虚步。

 技术要点

挺胸，塌腰，虚实分明。

## 歇步

动作方法　见图 3-1-8

（1）两腿交叉靠拢全蹲，右（左）脚全脚着地，脚尖外展，左（右）脚前脚掌着地，膝部贴近右（左）脚跟处；

（2）两手抱拳于腰间，拳心向上，眼向左（右）前方平视；

（3）左脚在前为左歇步，右脚在前为右歇步。

技术要点

挺胸，塌腰，两腿靠拢并贴紧。

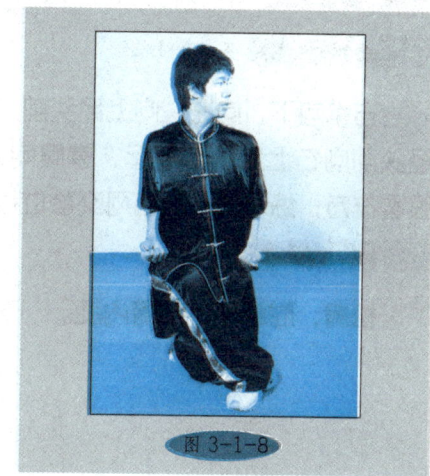

图 3-1-8

 手法

## 冲拳

动作方法　见图 3-1-9

分平拳与立拳两种：平拳拳心向下，立拳拳眼向上。

（1）预备姿势。两脚左右开立，与肩同宽，两拳抱于腰间，拳心向上，肘尖向后。

（2）右拳经腰间内旋，向前冲出，

力达拳面。

### 技术要点

出拳要快速有力，要有寸劲（即爆发力），做好拧腰，顺肩，急旋前臂的动作。

## 架拳

### 动作方法　见图 3-1-10

右拳向下、向左、向上经头前向上经头前向右上方画弧架起，拳眼向下，眼看左方，练习时，左右可交替进行。

### 技术要点

松肩，肘略屈，前臂内旋。

## 推掌

### 动作方法　见图 3-1-11

左拳变掌，前臂内旋，并以掌根为力点向前猛力推出，推击时左右可交替进行。

### 技术要点

挺胸，收腹，直腰。出掌要快速有力，有寸劲，同时还要做好拧腰，顺肩，沉腕，翘掌等动作。

图 3-1-9

图 3-1-10

图 3-1-11

**动作方法** 见图 3-1-12

（1）上体前倾，后脚离地提起，前脚随即蹬地前纵；
（2）在空中时，后脚向前碰前脚；
（3）落地时，后脚先落，前脚后落，眼向前平视。

**技术要点**

跳起在空中时，要保持上体正直并侧对前方。

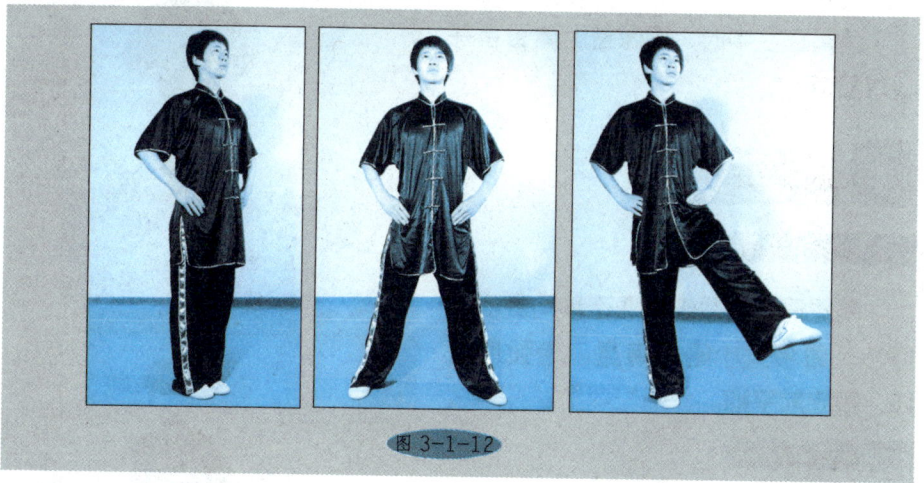

图 3-1-12

**动作方法** 见图 3-1-13

后脚离地提起，脚掌向前脚处落步，前脚立即以脚掌蹬地向前上提起，将位置让与后脚，然后再屈膝提腿向前落步，眼睛向前平视。

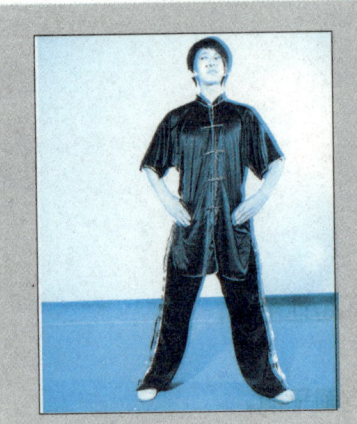

图 3-1-13

### 技术要点

跳起在空中时，要保持上体正直并侧对前方。

## 弧形步

### 动作方法  见图 3-1-14

两腿略屈，两脚迅速连续向侧前方行步，每步大小略比肩宽，走弧形路线，眼向前平视。

### 技术要点

（1）挺胸，塌腰，保持半蹲姿势，身体重心移动要平稳，不要有起伏现象；

（2）落地时，由脚跟迅速过渡到全脚掌，并注意转腰。

图 3-1-14

## 平衡

**动作方法** 见图 3-1-15

右腿直立支撑，左腿屈膝提起（过腰），脚面绷直，并垂扣于右腿前侧，两眼向左平视。

**技术要点**

（1）右腿在空中踢摆时，脚高必须过腰，左腿在击响的一瞬间，屈膝收控于右腿侧；

（2）在腾空的最高点完成击响动作，拍击动作必须连续、准确、响亮；

（3）在空中，上体正直而略向前倾，不要坐臀。

图 3-1-15

## 扣腿平衡

**动作方法** 见图 3-1-16

支撑腿屈膝半蹲，另一腿屈膝外展，脚尖绷平或勾起，踝关节紧扣于支撑腿的膝后窝处，挺胸塌腰。

**技术要点**

支撑腿站稳，扣腿的脚要扣住。

图 3-1-16

## 第二节 枪术

枪术也称枪法,由于种类和流派的不同,其风格也是多样的,但基本上主要包括扎、拦、拿、劈、点、崩、挑、缠、穿、拨、绞、扫、架、摔、抛、抢、缩、撞、舞花等枪法以及戳、挑、撩、横击等把法。

**动作方法** 见图 3-2-1

（1）两腿屈膝半蹲,呈半马步,左脚尖与枪尖同方向,两手握枪,右手与枪杆紧贴腰间,左手螺把握枪杆中部,臂略屈,目视枪尖;

（2）重心前移,右腿蹬直,呈左弓步,同时右手向前送枪,使枪杆沿松握的左手滑动,向前方平扎,力达枪尖。

**技术要点**

（1）右手送枪与右腿蹬直、向右转腰用力要一致,使力传至枪尖;

（2）枪身要平直向前扎出;

（3）后手须触及前手。

图 3-2-1

### 动作方法

见图 3-2-2

（1）预备姿势可呈左弓步扎枪；

（2）左手略向后滑握，将枪向上、向右绕行折回，两前臂在胸前交叉，同时左脚里扣，身体右转呈马步；

（3）左手松开，右手握枪把向右平扎。

### 技术要点

右臂与枪杆呈一直线，力达枪尖。

图 3-2-2

见图 3-2-3

### 动作方法

（1）双手持枪，贴紧腰部，呈半马步；

（2）以左手为主，使枪前段由里向上、向外绕行，枪尖绕一 20 厘米直径的圆弧，为拦枪；

（3）以左手为主，使枪前段由外向上、向里、向下绕行枪尖绕一个20厘米直径的圆弧，为拿枪。

### 技术要点

（1）拦枪、拿枪要有力，配合右手与腰部的力量；

（2）绕圆弧不要太大；

（3）拦、拿、扎枪复合动作是枪术中重要的基本枪法，应重点下工夫练习。

图 3-2-3

挑枪、劈枪

### 动作方法　见图 3-2-4

（1）半马步双手持枪；

（2）左脚撤回于右脚旁，呈左丁步，同时以左手为主由前向上挑起，为挑枪；

（3）左丁步不变，枪身直立，举于头上方；

(4)左脚向前跨一大步，右脚随之靠于左脚旁，呈右丁步，同时以手为主，使枪由上向下劈击；

(5)举枪时左手心向后，劈下时手心朝上为反劈枪。

图 3-2-4

### 技术要点

（1）左手臂不可弯曲太大，保持伸直略屈；
（2）上挑和下劈时要有力，力达枪尖和枪杆前段。

## 点枪

**动作方法** 见图 3-2-5

（1）半马步双手持枪于腰间；
（2）右脚上步靠于左脚旁，呈右丁步，同时右手将枪向前送，左手松握滑把至枪杆后段，两手合力上抬，使枪尖突然向下点击。

### 技术要点

（1）送枪滑把与向下点枪，两者衔接要紧，不可分开；
（2）向下点枪短促有力，幅度不要太大。

图 3-2-5

## 崩枪

**动作方法** 见图 3-2-6

（1）以右丁步点枪为预备姿势；
（2）右脚后撤一步，重心移至右腿，呈左虚步，同时左手松握，右手抽枪把于腰侧，近完成时，左手猛然握紧枪杆，以两手合力，使枪杆前段

图 3-2-6

向上崩颤。

### 技术要点

（1）左手由松握到紧握时机要掌握好；
（2）须由柔而刚，用爆发力。

## 缠枪

### 动作方法　见图3-2-7

（1）两脚前后开立，双手持枪于腰间做预备姿势；
（2）右脚向前跨一步于左脚前方，同时左手松握，右手将枪向前送，使右手持枪把于体前，以右手为主，左手为辅，使枪尖做立圆绕行，沿顺时针方向为顺缠，沿逆时针方向为逆缠。

### 技术要点

（1）两手用力要柔和，枪头和枪把绕圆不同步；
（2）左手为支点，右手为主，但左手与腰要配合右手转动，不可固定不动；
（3）绕圆高不过肩，低不过胯，直径约30～40厘米。

图3-2-7

## 穿枪（穿腰、穿喉）

**动作方法**　见图 3-2-8

（1）两脚立开，持把握枪，右手近于枪缨，左手握于枪杆前段；

（2）右手握枪，使枪头顺腹前向右抽，左手松握滑把，重心右移呈右弓步，枪撞扎于体右侧；

（3）右手屈肘向左抽枪，左手松握滑把，同时呈左弓步，使枪滑于左侧前方，高与肩平；

（4）头部和上体后仰，右手转换为阳手握近枪缨处；

（5）上动不停，右手向右抽枪，左手松握滑把，使枪头穿过喉前向右侧平刺。

**技术要点**

（1）左手要松活，右手抽拉枪要快速自如；

（2）穿枪时要贴近所穿部位，运行走直线。

图 3-2-8

## 背后穿枪

### 动作方法

见图 3-2-9

（1）两脚开立，两手持枪于腰间；

（2）右手握枪屈肘，使枪上抬于胸前，同时以掌心贴住枪把底端，内旋腕，变为阴手握把；

（3）右手继续内旋，并将枪把直臂撤向右侧方；

（4）两手向上托枪，将枪杆过头，置于身背后；

（5）左手松握，右手用力顶推枪把，使枪沿背后穿出，右脚上一步，以左手接住枪把。

### 技术要点

（1）右手旋腕动作要敏捷自如；

（2）背后穿枪宜直线运行，右手顶推力和左手摩擦力要控制适当。

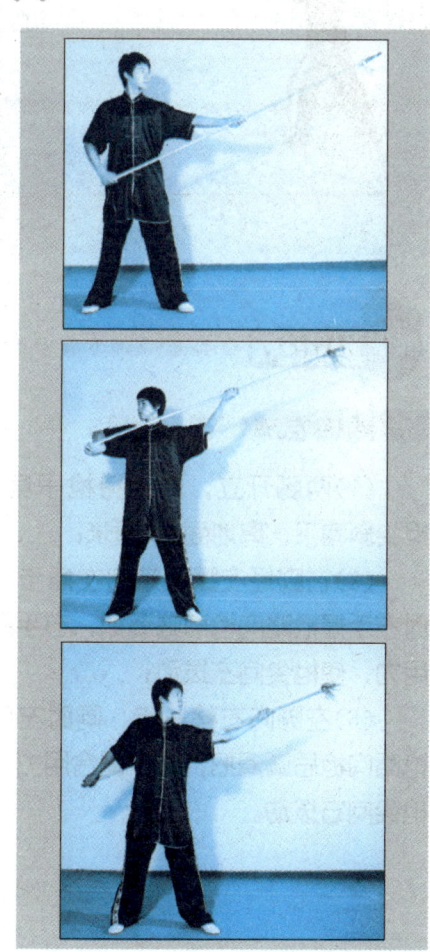

图 3-2-9

## 拨枪

**动作方法** 见图 3-2-10

（1）两脚开立，两手持枪于身前，枪尖斜向下，离地面 20 厘米；

（2）右脚经左腿后方向左插步，同时左手握枪略向枪前端滑把，右手配合用力，使枪尖向左拨动；

（3）左脚向左移一步，同时左手握枪略向枪后端滑把，右手配合用力，使枪尖向右拨动。

## 技术要点

（1）此枪法可在连续移动中进行；
（2）枪的拨动要轻快、平稳，幅度不要太大。

图 3-2-10

 云拨枪

**动作方法**　见图 3-2-11

（1）两脚前后开立，两手持枪于腰间；

（2）身体右转，同时左手握枪向枪后端滑把，右手握枪上提与胸高，两手用力使枪由左向右平转；

（3）上动不停，两手继续使枪在头上方平转；

（4）身体随右转，左脚向前上一步，左手用力向右推拨枪杆，至右前方时，用力抓握枪杆。

### 技术要点

(1)动作要连贯，云枪要平；
(2)平拨时要有力，使枪杆震颤。

图 3-2-11

 扫枪

### 动作方法　见图 3-2-12

(1)两脚开立，两手持枪，右手于腰间，枪尖斜朝下，身体向右，呈右弓步；

(2)身体再向左转 180 度，右腿全蹲，呈左仆步，同时使枪前端由右接近地面向左平扫。

**技术要点**

（1）扫枪要平，不可忽高忽低；

（2）边扫左手边向前端滑把，右手向右侧拉开；

（3）动作要迅速有力。

图 3-2-12

 拉枪 ◆◆◆◆◆◆◆◆◆

**动作方法** 见图 3-2-13

（1）预备姿势与扫枪预备势相同；

（2）上体向左转 90 度，左脚收于体前方呈前点步，同时使枪由右向左平拉，左手松握滑把于枪身中段，右手屈肘提于右胸前。

**技术要点**

（1）手、脚、枪的动作要协调一致；

（2）枪杆要贴身，拉的动作不要过大。

图 3-2-13

 拖枪 ◆◆◆◆◆◆◆◆◆

**动作方法** 见图 3-2-14

（1）两脚开立，右手持握枪把，将枪置于体右侧，枪尖触地；

（2）右脚向左侧前方盖步，连续向左前方行步，枪尖贴地随体移动。

### 技术要点

身体要向右侧转，目视枪尖，呈撤退之势，左手置于右腋前，以随时准备握枪。

图 3-2-14

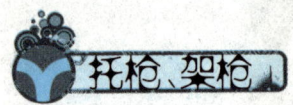

托枪、架枪

### 动作方法　见图 3-2-15

（1）并步或开步站立，右手持枪屈肘于胸前，左手上托枪杆中段，托平时紧握，为托枪；

（2）预备势为半马步双手持枪，右脚向右后撤半步呈右弓步，同时两手持枪经面前向头上方右斜举架。

### 技术要点

（1）托枪时枪杆要平，枪尖要震颤有力；

（2）架枪要迅速，左手要滑把拉开。

图 3-2-15

## 扑枪、摔枪

### 动作方法  见图 3-2-16

（1）两手持枪立举于体左侧，呈左丁步；

（2）由上向下劈枪，同时右腿全蹲，左脚出步平仆呈左仆步，使枪身接近地面为扑枪；

（3）两脚开立，两手持枪横举于头上；

（4）右手用力下劈，右腿屈膝呈右弓步，使枪身平摔落地。

### 技术要点

（1）扑、摔均要使枪身平落；

（2）摔枪要迅速有力。

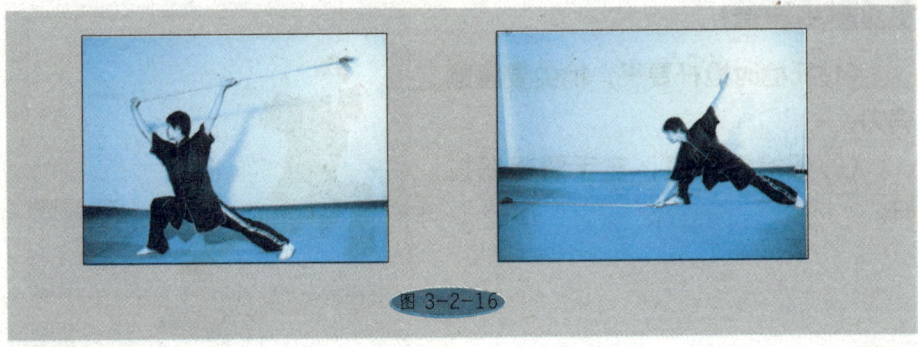

图 3-2-16

## 立舞花枪

**动作方法** 见图 3-2-17

（1）双手阳手握枪于枪杆中段，左手在上，枪身直立于体前右侧，两脚略前后开立，右脚略前；

（2）双手用合力使枪尖向下、向体右侧绕圆；

（3）上动不停，双手使枪把向体左侧下方绕行，枪尖在体右侧后方向后、向上绕行；

（4）上动不停，双手使枪继续在体左侧绕转一周，使枪尖又转至体上方；

（5）上动不停，双手使枪尖由上向前、向右下方绕行；

（6）上动不停，双手继续使枪尖向上绕行半周，即达动作方法（1）的部位，以此循环左右舞花。

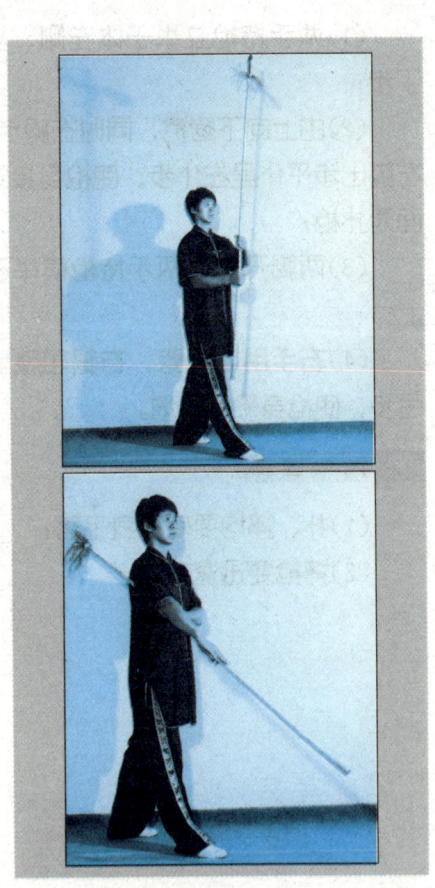

### 技术要点

(1)左手在舞花时注意掌松握，为钳把握枪，才能使舞花灵活自如；

(2)切记向体左侧为枪把一端下挂，向体右侧为枪尖一端下挂；

(3)舞花时，枪杆要呈立圆，尽量靠近身体。

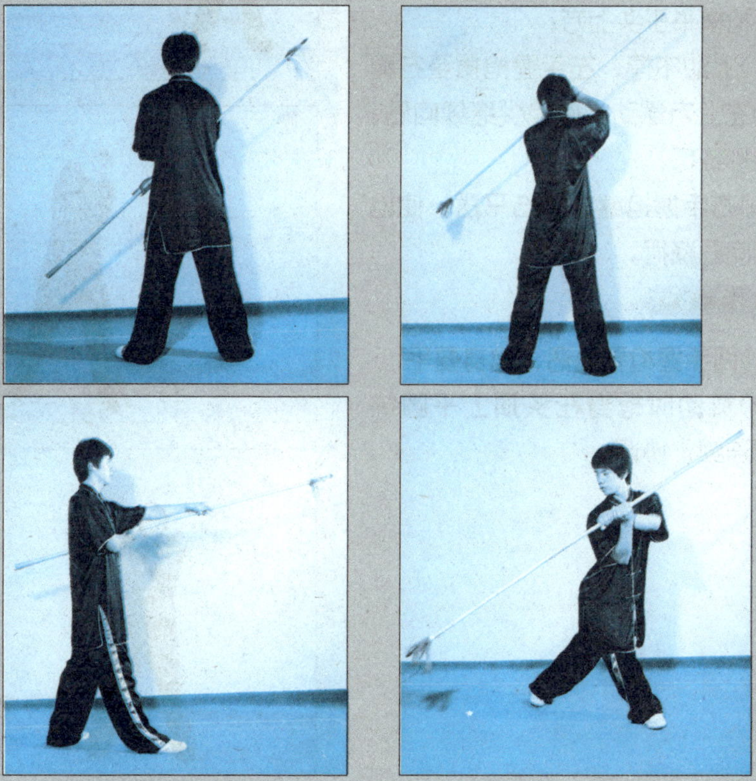

图 3-2-17

## 平舞花枪

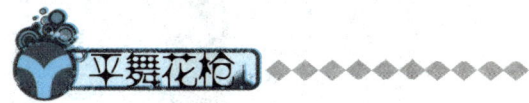

### 动作方法 见图 3-2-18

(1)两脚开立，左手持枪于左侧平举，右手从左腋下反握枪身，枪身平置在左腋下；

(2)左手握枪用力向右肩上方弧形摆动，右手握枪向左前用力，两手同时使枪由左向右上绕弧形；

(3)上动不停，左手握枪继续由右肩上向后、向左摆动，右手摆至右上方，将枪横举于头上方；

(4)上动不停，左手握枪摆至右胸前，向左上方摆动，使枪尖继续向后、向右弧形绕行；

(5)右手握枪继续向右平摆，使枪尖继续向后绕行。

### 技术要点

(1)两手握枪要松活，枪身要平；

(2)舞动时枪身在头顶上平圆绕动，要连续、协调。

图 3-2-18

## 过背枪

**动作方法** 见图 3-2-19

(1) 双手阳手握枪中段,左手在上,枪直立于体前右侧,两脚前后开立;

(2) 双手用力使枪尖向下、向体右侧绕立圆;

(3) 上动不停,使枪继续绕立圆;

(4) 上动不停,左手松把,右手握枪,使枪背于背上,枪把在头左侧;

(5) 上动不停,右手用力将枪向后上方甩起,身体略前倾,使枪从左肩上向前翻过,随即左手在身前接枪,右手握枪。

**技术要点**

(1) 枪在绕圆时,要快速、连贯,枪身尽量靠近身体;

(2) 右手发力要及时、协调,身体略前倾;

(3) 左手抓枪要准、稳。

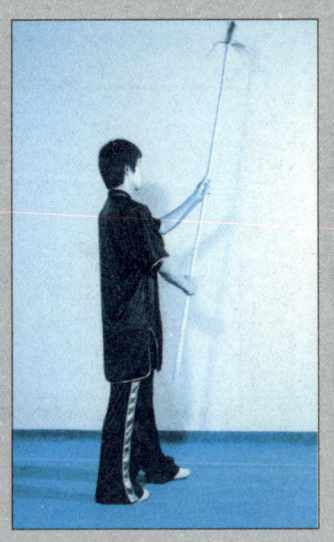

图 3-2-19

 缩枪、撞枪

**动作方法** 见图 3-2-20

（1）半马步持枪；

（2）重心后移，左腿屈膝提起，同时，右手用力向后抽枪，左手直臂滑把至枪缨处，随即右手从把端向杆中滑进，枪平置于胸、腹前；

（3）左脚落步呈左弓步，双手握枪，用力前擅，为撞枪。

**技术要点**

（1）右手抽枪，滑把要利索；

（2）撞枪力要达枪尖。

图 3-2-20

 戳把、横击把

**动作方法** 见图 3-2-21

（1）半马步持枪；

（2）左脚向右脚后搬步呈叉步，同时左手握枪向右推送，右手随之向枪杆中段滑动，向右戳把，力达把端；

（3）半马步持枪；

（4）左脚向右侧方迈步，同时右手握枪向后抽拉、左手顺势前滑握；

（5）右脚向前上一大步，呈右弓步，同时双手用力使枪把由后向前、向左横打，同时右手略向后滑把，力达枪把前段。

❀ 技术要点

（1）戳把要力达把端，用力迅猛；

（2）横击前，右手略向斜下方抽枪，左手略向前段滑把，横击时，右手略向中滑把，然后握紧，以加长进攻距离。

图 3-2-21

 挑把 ◆◆◆◆◆◆

**动作方法** 见图 3-2-22

（1）前后开立步持枪；

（2）重心后移，左手换阴手握把于枪身中前段，右手滑握于枪身中后段，屈膝左脚提起，同时两手使枪把由后经体侧向前、向上挑出，力达把端。

**技术要点**

枪要靠近身体，两手一上一下用合力。

图 3-2-22

 捶把 ◆◆◆◆◆◆

**动作方法** 见图 3-2-23

（1）两脚前后开立，身体右转，右手握于枪缨处，在手背后握枪，枪身直立贴靠身体后背；

（2）身体重心左移呈右仆步，右手握枪用力由上向下劈击，左手后侧平举。

### 技术要点

摔把要迅速有力，枪身要平落。

图 3-2-23

## 涮枪

**动作方法** 见图 3-2-24

（1）半马步持枪站立；

（2）右脚向前盖步，右手换阴手握把，用力向后抽枪，左手前滑；

（3）左脚前上一步，同时右手用力使枪由后向前平扫，双手滑握于枪缨处；

（4）身体略右转，右手向后抽枪，左手向把端滑把，双手平握枪身；

（5）右脚前上一步，同时右手用力向左手处滑推，使枪平扫；

（6）左脚前上一步，右手向后拉枪，左手向枪尖滑把。

### 技术要点

（1）枪身要平，不可忽高忽低，握把要松活自如，不要握得太死；

（2）涮枪时左手前滑把，右手向后抽拉，向前推送滑把时要有力且连贯。

图 3-2-24

## 抛接枪

### 动作方法　见图 3-2-25

（1）右弓步站立，右手握枪把，左手后侧平举，枪身仆于地；

（2）身体立起，右手持枪略上举，枪尖略高于手；

（3）右手用力将枪把向前上方抛起，使枪身向前翻转半周；

（4）右手抓握枪缨处。

### 技术要点

（1）抛枪立圆不得超过半周，抓接握枪要准确及时；

（2）右手抛枪用力要适度。

图 3-2-25

## 翻身下扎枪

**动作方法** 见图 3-2-26

（1）左弓步持枪；

（2）右脚上前一步，两手用合力，使枪向上挑起；

（3）体左后转翻身，左脚向左移半步，呈左弓步，同时右手握枪用力向前下方扎出，枪尖着地，左手后侧平举。

**技术要点**

（1）翻转枪械与身体要协调；

（2）枪须从肩上直出，力达枪尖。

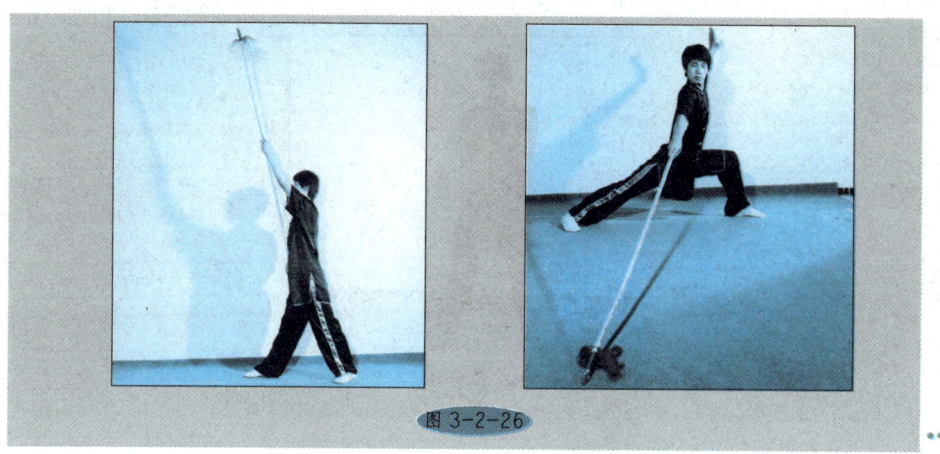

图 3-2-26

## 撩枪

  见图 3-2-27

（1）前后开立步持枪；

（2）左脚后移半步，双手滑握枪杆中段略靠把端，用合力使枪尖由上向后；

（3）上动不停，经体侧向前撩击，力达枪尖前段，此为右撩枪；

（4）左边方法同上，唯方向相反。

### 技术要点

（1）撩枪时，枪运行呈立圆，并尽量靠近身体；

（2）切记枪尖由下向前、向上撩击；

（3）右手可略随撩出向后滑把。

图 3-2-27

## 绕腿换把穿枪

**动作方法** 见图 3-2-28

（1）两脚开立，双手持枪；

（2）右手用力送枪，左手滑把，握于枪把处；

（3）身体左转，右脚由右向左里合踢腿，右手准备从裆下接握；

（4）上动不停，右手接枪，右脚前落。

**技术要点**

（1）枪要贴近腿部，动作要柔和；

（2）腰、腿随枪转动，身、步、枪要协调一致。

图 3-2-28

# 第四章 国际规定套路

枪是古代的主要兵器。在冷兵器时代的战争中，使用最广泛的便是枪。国际规定套路枪术特点是力贯枪尖，走势开展，上下翻飞，变幻莫测；它要求在演练时做到：枪扎一线，势贵四平，行枪活跃，工于一圈。

## 第一节 第一段

国际规定套路第一段包括起势、并步托枪、弓步拿扎枪、丁步下扎枪、单手抛枪、仆步摔把和抛接枪等枪法,参赛者应熟练套路。

### 起势

**动作方法** 见图 4-1-1

两脚并步站立,右手握把持枪置于右胸前,左手五指并拢贴靠左腿外侧,目视前方。

**技术要点**

(1)右手握住枪杆底端,枪身须直立,胸、腰和颈部要自然挺直;
(2)精神饱满,体态挺拔。

图 4-1-1

### 并步上扎枪

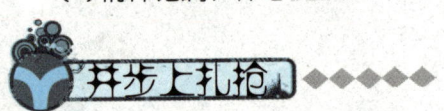

**动作方法** 见图 4-1-2

(1)左脚以脚跟为轴,右脚以前脚掌为轴随身体左转向左踌动,右脚跟抬起,目视前方;
(2)右脚向左脚内侧并步,同时右手握把向前上方扎枪,左手屈肘收至左

腰侧，手心斜向上，目视枪尖。

### 技术要点

（1）扎枪有力，力达枪尖；
（2）右臂伸直，不要弯曲。

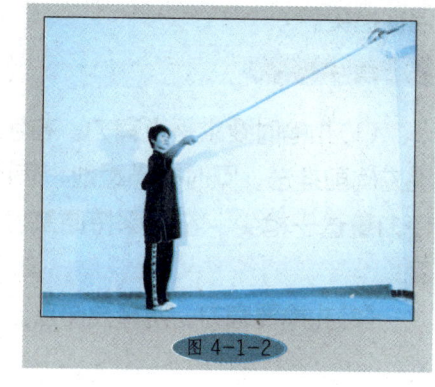

图 4-1-2

## 弓步拦拿扎枪(共3次)

### 动作方法　见图 4-1-3

（1）右手握把向体前下落，枪尖触地，目视枪尖；

（2）左掌向前伸出，掌心向上，重心上起，双脚跟抬起，同时身体左旋，随身体转左掌内旋向上撩起至左后上方，目视左掌；

（3）右脚向后退步，两脚屈膝呈半马步，身体右转，右手握把向后拉枪至右腰侧，左手下落至体前抓握枪身，目视枪尖；

（4）右手握把内旋翻腕，左手握枪外旋拦枪，使枪尖沿逆时针方向向左立圆转动，目视枪尖；

（5）右手握把外旋下翻，左手握枪内旋拿枪，使枪尖沿顺时针方向向右立圆转，目视枪尖；

（6）身体左转，左腿屈膝半蹲右腿伸直呈左弓步，右手握把向前扎枪，

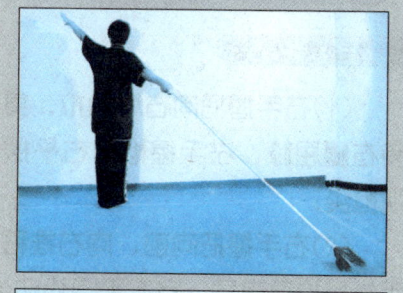

目视枪尖。

### 技术要点

（1）扎枪时要求平直有力，右手要猛力向前推送，同时右脚蹬地，转腰，使力量达于枪尖，左手保持原高度不变；

（2）扎枪要有力，两臂要伸直。

图 4-1-3

### 动作方法　见图 4-1-4

（1）右手握把向右后抽拉，身体右转右腿屈膝，左手握枪向右平摆，目视枪尖；

（2）右手握把向前、向右推移，左手松握枪身向后、向左平圆转动半周，上体经后仰向左转体呈半马步，目视枪尖；

（3）重心前移，身体略左转，右腿伸直，同时右手握把下翻，左手握枪

内旋拿枪,目视枪尖;

(4)右脚向前一大步,左脚随即向前上步并落于右脚内侧,前脚掌着地,两腿屈膝呈丁步,身体左转,右手握把单手向前下方扎枪,左手变掌向体后上方伸出,虎口向上,目视枪尖。

### ❀ 技术要点

(1)枪尖绕圆时速度要均匀,用力不要过大,同时两手握枪向前下方扎出,目视枪尖;

(2)枪尖划圆要适中,不要过大或过小;

(3)丁步扎枪动作要舒展,不要屈臂。

图 4-1-4

❀ 动作方法  见图 4-1-5

(1)左脚向后退步,右手握把略下落后向上抛枪,枪杆在空中立圆转动半周,左手自然下落;

(2)右脚向后退步,身体右转,右手接抓枪颈部,左手抓握枪身。

## 技术要点

（1）抓枪要稳，位置准确，动作有力；

（2）动作利落，不要犹豫。

图 4-1-5

## 仆步摔把

### 动作方法　见图 4-1-6

（1）身体继续右转，左脚向右上步，脚尖内扣，两腿略屈，双手持枪随体转向下、向右摆起；

（2）两脚蹬地跳起，双腿屈膝向后上摆起，脚面绷平，身体右转，双手持枪随体转向上摆至头上方，目视上方；

（3）左右脚同时落地，右腿屈膝全蹲，左腿伸直呈左仆步，双手持枪向前、向下摔把，左手变掌按压于枪身，目视枪把。

### 技术要点

（1）跳起时，要展开身体；

（2）摔枪前身体腾空，仆步、摔枪要同时完成，身枪要协调一致。

图 4-1-6

## 抛接枪

### 动作方法  见图 4-1-7

（1）重心上起，双手持枪上抬，然后左手松开，右手握枪颈向前上方抛枪，枪杆在空中呈立圆转动；

（2）重心前移，右手前伸抓握枪把。

### 技术要点

（1）抛枪有力，抓住枪把；

（2）抛枪时要抖腕，接枪要稳。

图 4-1-7

 跨步劈枪

**动作方法** 见图 4-1-8

（1）右脚向前上步，右手握把向后抽拉至右腰侧，左手向前抓握枪身，目视前方；

（2）右脚蹬地，左腿向前上摆起，右腿向后摆起，同时身体左转，双手持枪向下、向左后抡摆，目视左后方；

（3）左脚落地，右脚向左脚前落步，两腿屈膝，左脚跟抬起，双手持枪向上、向前劈枪，目视枪尖。

**技术要点**

（1）跨步、展枪动作要展开、充分，下劈时左手用力下压，上体略前倾，以加大压力；

（2）动作要舒展，不要太僵硬、拘谨，劈枪要有力。

图 4-1-8

 回身跳劈枪

**动作方法** 见图 4-1-9

（1）身体左转，双手持枪向上、向左抡摆；

（2）两脚蹬地向上跳起，左腿屈膝上抬，右腿向后上方摆起，两脚面绷平，身体左转，双手持枪继续向下、向后上方抡摆，目视左后方；

（3）左脚向下落步，右脚向左脚前落步，脚尖略内扣，两腿屈膝，左脚跟抬起，双手持枪向上、向前劈枪，目视枪尖。

### 技术要点

（1）跨步、展枪动作要展开、充分，下劈时左手用力下压，上体略前倾，以加大压力；

（2）动作要舒展，不要太僵硬、拘谨，劈枪要有力。

图 4-1-9

## 转身弓步抱枪

### 动作方法　见图 4-1-10

（1）身体左转，左腿向后摆起，双手持枪随体转向左平抡；

（2）左脚向右后落步，身体继续左后转，双手持枪继续向左平抡；

（3）右手握把向左臂下方平移，同时左手握枪向后、向右平抡；

（4）左脚前脚掌为轴向左转体一

周，右脚上抬，脚面贴靠左膝后部，同时左手握枪随体转向左平转一周，右手握把移至右肩前；

（5）身体左转，左脚蹬地，双脚向左右分开落地，左腿屈膝半蹲，右脚伸直呈左弓步，右手握把下落至右腹前，左手握枪置于身体左侧上方，目视右前方。

### 技术要点

（1）上步的速度要均匀，枪要靠近身体，右手要握紧，左手须松握；

（2）动作要连贯，抱枪、弓步要同时完成。

图 4-1-10

**动作方法** 见图 4-1-11

（1）身体右转，右腿屈膝半蹲，左腿伸直呈右弓步，左手握枪向前方下落；

（2）身体左转，重心上起移至左腿，右脚跟抬起随重心左拖移半步，双手持枪向左后方平摆至头上方；

（3）上体后仰，右手握把向左腋下平移，左手握枪向后，向右云枪；

图 4-1-11

（4）身体右转，重心下降，两腿屈膝半蹲，右手握把沿逆时针方向向左立圆绞把一周，目视枪尖；

（5）重心上起移至右腿，左脚尖点地，同时身体右转，右手握把内旋上翻，左手握枪外旋向上绞枪，目视枪尖。

**技术要点**

（1）云枪要贴在头上呈圆形，绞枪要绕圆；
（2）动作协调，绞枪划弧不要过大。

## 前点步绷枪

 见图 4-1-12

(1) 身体左转,上体后仰,双手持枪随体转向左平摆;

(2) 右手握把向左臂平移,同时左手握枪向右、向前云枪,重心下降,两腿屈膝半蹲,目视枪尖;

(3) 重心上起,右脚略上抬向左脚内侧下落震脚,同时左脚向前伸出,脚尖点地,两腿伸直,右手握把向右肩抽拉,左手滑握枪身向左下绷枪,目视枪尖。

### 技术要点

(1) 点枪时,力达枪尖,绷枪右手握前把用力外翻,目视枪尖;

(2) 动作要连贯,身体要保持正直,不要松散。

图 4-1-12

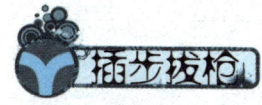 插步拨枪

**动作方法** 见图 4-1-13

（1）身体右转，左脚向后退步，左手握枪向上、向前带枪，右手握把收至右腰侧，目视枪尖；

（2）右脚向左后插步，前脚掌着地，左腿屈膝，上体左转，双手持枪随体转向左下方拨枪，目视枪尖。

**技术要点**

（1）落步和拨枪动作要协调一致，拨枪要腕关节用力；

（2）动作连贯，中间不要停顿。

图 4-1-13

 跳插步扎枪

**动作方法** 见图 4-1-14

（1）右脚蹬地跳起，随即左脚向左横跨一步，重心移至左腿，右脚略上抬向左后方落步，前脚掌着地，重心下落，左腿屈膝；

（2）同时右手握把外旋下翻，左手握枪内旋拿枪，右手握把向左前下方扎枪，目视枪尖。

### 技术要点

（1）插步和扎枪同时完成；
（2）枪尖不要着地。

图 4-1-14

## 弧形劈枪

### 动作方法　见图 4-1-15

（1）右脚向右上步，重心上起，右手握把向右上方拉枪，左手向左上方托枪，目视枪尖；

（2）左脚向右脚前上步，脚尖外展，双手持枪落于腹前；

（3）右脚向左前方上步，脚尖内扣，左手握枪向下、向前上方挑起，右手握把收入右腰侧，目视枪尖；

（4）左脚向前弧形上步，脚尖外展，身体左转，左手握枪随体转向左带枪；

（5）右脚向前上步，脚尖内扣，两腿略屈，双手持枪略下落，目视枪尖；

（6）左腿向前上摆动，右腿向后摆起，身体左转，双手持枪向下、向后上方抡摆，目视左后方；

(7)左脚落地，右脚向左脚前落步，两腿略屈，双手持枪向上、向前劈枪，目视枪尖。

### 技术要点

(1)上步要走弧形，劈枪力达枪前端；
(2)上体、步伐要配合协调、连贯。

图 4-1-15

 垫步提膝绷枪

**动作方法** 见图 4-1-16

（1）左脚向前上步，右手握把前送；

（2）右腿屈膝上抬，小腿内扣，脚面绷平，左脚蹬地向前跳起，右手握把内旋向后拉至右肩前，左手松握滑枪上崩，目视枪尖。

**技术要点**

（1）左右手配合协调，绷枪身体要展开；

（2）左手要松握，两手配合要协调。

图 4-1-16

 单手扎枪

**动作方法** 见图 4-1-17

（1）左脚落地，右脚向左脚前落步，重心前移，右手握把下翻，左手握枪内旋拿枪，目视枪尖；

（2）左脚向前上步；右手握把单手向前平扎枪，左手变掌向左后方伸出，目视枪尖。

**技术要点**

(1) 扎枪有力，力达枪尖；
(2) 右臂伸直，不要弯曲。

图 4-1-17

**动作方法**　见图 4-1-18

(1) 右脚向前上步，脚跟着地，重心滞后，右手向后抽把，左手向前抓握枪身；

(2) 重心前移，左脚蹬地，右腿屈膝向上摆起，双手持枪上送；

(3) 身体右转向上跳起，双腿屈膝向后上方摆起，双手持枪上举，目视上方；

(4) 身体右转，右脚落地后屈膝全蹲，左腿前伸并直腿向前落地呈左仆步，双手持枪经上向前、向下劈摔，左手变掌按压于枪身，目视枪尖。

### 技术要点

（1）跳起时，要展开身体；

（2）摔枪前身体要腾空，仆步、摔枪同时完成；

（3）身、枪要协调一致。

图 4-1-18

## 跳插步绷枪

**动作方法** 见图 4-1-19

（1）重心上起，双手持枪上提，双脚蹬地跳起右脚向前，左脚向后交叉落步，右腿屈膝，脚尖外展，左腿伸直，前脚掌着地；

（2）右手握把内旋向后拉枪至右肩前，左手松握滑枪上崩，目视枪尖。

### 技术要点

（1）插步、绷枪配合要协调；

（2）要用腰劲，不要松散。

图 4-1-19

 弓步拿扎枪

**动作方法** 见图 4-1-20

（1）左脚向前上步呈半马步，同时右手握把外旋下翻至右腰侧，左手握枪内旋拿枪，目视枪尖；

（2）身体左转，重心前移，左腿屈膝，右腿伸直呈左弓步，右手握把向前扎枪，目视枪尖。

**技术要点**

（1）扎枪时要求平直有力，右手要猛力向前推送，同时右脚蹬地、转腰，使力量达于枪尖，左手保持原高度不变；

（2）扎枪要有力，两臂要伸直。

图 4-1-20

 弓步拦拿扎枪

**动作方法** 见图 4-1-21

（1）重心后移，右脚屈膝呈半马步，右手向后抽把至右腰侧，目视枪尖；

（2）右手握把内旋翻腕，左手握枪外旋拦枪，目视枪尖；

（3）右手握把外旋下翻，左手握枪内旋拿枪，目视枪尖；

(4)身体左转，左腿屈膝，右脚伸直呈左弓步，右手握把向前扎枪，目视枪尖。

### 技术要点

(1)扎枪时要求平直有力，右手要猛力向前推送，同时右脚蹬地、转腰，使力量达于枪尖，左手保持原高度不变；

(2)扎枪要有力，两臂要伸直。

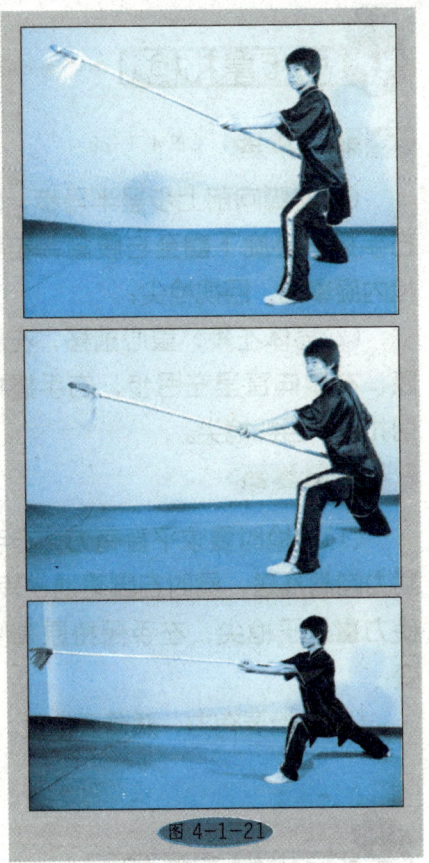

图 4-1-21

## 扣腿下扎枪

### 动作方法　见图 4-1-22

(1)重心后移，身体右转，右手向右后抽把；

(2)重心前移，身体左转，右脚抬起贴靠左膝后部，左腿屈膝半蹲，右手握把向前下方扎枪，左手变掌向左后方伸出，虎口向上，目视枪尖。

### 技术要点

（1）扣腿、扎枪同时完成，力达枪尖；

（2）动作要展开，右臂扎枪要伸直。

图 4-1-22

## 5步推掌

### 动作方法  见图 4-1-23

（1）右脚向右后落步，身体右转，右腿屈膝半蹲，左腿伸直呈右弓步；

（2）右手握把屈肘向右后拉枪，左掌向右收至右胸前，掌心向右，指尖向上，目视右前方；

（3）左掌经胸前向左推出，头向左转，目视左前方。

### 技术要点

(1) 弓步、推掌动作展开，力达掌根；

(2) 两肩要打开，不能夹紧。

图 4-1-23

## 第二节
## 第二段

国际规定套路第二段包括绞枪、单手抛枪、仆步摔枪、跨步劈枪、仰身突枪等枪法。

### 动作方法　见图 4-2-1

(1) 左手下落抓握枪身，上体略右转前倾，重心左移，身体左转，两腿屈膝；

(2) 左手握枪随体转略上提，右手握把沿逆时针方向向左立圆绞把一周，目视枪尖。

**技术要点**

（1）抖腕，枪尖划弧；
（2）划弧适中，不要太大。

图 4-2-1

第二段

上步背后穿接枪

**动作方法** 见图 4-2-2

（1）身体右转，重心上起移至右腿，左腿跟抬起，脚尖点地，右手握把向后抽拉并变手心向上握把；

（2）左脚向右前方上步，脚尖外展，左手松握枪身，右手握把向前推送至左肩前，然后内旋反臂握把下落，目视枪尖；

（3）右脚向左前方上步，脚尖内扣，右手握把向右后上方拉枪，左手握枪上举；

（4）左脚向前上步，脚尖外展，双手持枪下落至后腰部，目视枪尖；

（5）左脚向前上步，右手握把向前送枪，左手变掌略上托枪杆，枪杆从左掌上向前上方穿出，目视枪把；

（6）左脚向前上步，右手向前抓接枪把，左手下落后摆至体后，目视枪身。

图 4-2-2

### 技术要点

（1）动作连贯，枪要贴近身体；

（2）抓枪要准、稳，目视枪尖。

### 单手抛枪

**动作方法**　见图4-2-3

（1）右脚向前上步，右手握把向上抛起，枪杆在空中立圆转动半周，目视枪尖；

（2）左脚向前上步，脚尖内扣，两腿略屈，身体右转，右手接抓枪颈，左手抓握枪身。

### 技术要点

（1）抓枪要稳、位置准确、动作有力；

（2）动作利落，不要犹豫。

图4-2-3

### 仆步摔把

**动作方法**　见图4-2-4

（1）身体右后转，双脚蹬地跳起，两腿屈膝后摆，双手持枪随体转向右上方摆起；

（2）身体右转，右脚落地后屈膝全蹲，左腿前伸并直腿向下落地呈左仆

步，双手持枪经上向前、向下摔把，左手变掌按压于枪身，目视枪尖。

### 技术要点

（1）跳起时，要展开身体；

（2）摔枪前身体要腾空，仆步、摔枪同时完成，身、枪要协调一致。

图 4-2-4

## 抛接枪

### 动作方法　见图 4-2-5

（1）重心上起，双手握枪上抬，左手松开，右手握枪颈向上抛起，枪杆在空中立圆转动半周；

（2）重心前移，右手前伸接握枪把。

### 技术要点

（1）抛枪有力，抓住枪把；

（2）抛枪时要抖腕，接枪要稳。

图 4-2-5

## 跨步劈枪

**动作方法** 见图 4-2-6

(1) 右脚向前上步,右手握把向后抽拉至右腰侧,左手向前抓握枪身,目视前方;

(2) 右脚蹬地,左腿向前上摆动,右腿向后摆起,同时身体左转,双手持枪向下、向左后抡摆,目视左后方;

图 4-2-6

(3) 左脚落地,右脚向左脚前落步,两腿屈膝,左脚跟抬起,双手持枪向上、向前劈枪,目视枪尖。

**技术要点**

(1) 跨步、展枪动作要展开、充分,下劈时左手用力下压,上体略前倾,以加大压力;

(2) 动作要舒展,不要太僵硬拘谨,劈枪要有力。

 回身坐盘下扎枪

**动作方法** 见图 4-2-7

（1）身体左旋，重心上起，两脚跟抬起，左手滑握枪身随体转经上向左带枪，右手握把上举，目视枪尖；

（2）身体左转，重心下落，两腿屈膝交叉下坐呈坐盘，右手握把单手向前下方扎枪，左手变掌向左后上方伸出，虎口向上，目视枪尖。

**技术要点**

（1）枪要贴近身体，坐盘、扎枪同时完成，力达枪尖；

（2）动作配合要协调，扎枪时，右臂要伸直。

图 4-2-7

 盖步拿扎枪

**动作方法** 见图 4-2-8

（1）重心上起，身体右转，左脚跟抬起，右手握把随体转向右拉枪，左手抓握枪身；

（2）左脚向左前方上步，脚尖外展，左手握枪向右平摆，右手握枪把

左推，上体略后仰，目视枪尖；

（3）右脚向左盖步，左手握枪向后、向左云枪，身体左转，目视枪尖；

（4）左脚向前上步，两脚屈膝呈半马步，右手握把下翻，左手握枪内旋拿枪，目视枪尖；

（5）重心前移，左腿屈膝，右腿伸直呈左弓步，身体左转，右手推把向前扎枪，目视枪尖。

### 技术要点

（1）动作要连贯，不要出现停顿，扎枪有力，力达枪尖；

（2）弓步身体保持正直，不要前倾。

图 4-2-8

### 仰身穿枪

**动作方法** 见图4-2-9

（1）身体略右转，右手握把向右抽拉，重心上起，然后身体左转，左腿独立支撑，右腿屈膝上抬，脚面绷平，右手变方向握把；

（2）上体后仰，右腿向前上方举腿，脚面绷平，脚伸直，右手握把向前上方撩起，左手握枪随上体后仰向后移动并向前送枪，枪杆在右手中沿身体右侧向前穿滑至枪颈部时，右手紧握，同时左手向左后方伸出，目视前上方。

**技术要点**

（1）滑枪动作，两手配合协调，穿枪后身体后仰；

（2）动作连贯、自然，身体保持平稳。

图4-2-9

**动作方法** 见图4-2-10

（1）右脚向后落步，身体右转，右手握枪颈向右拉伸，左手抓握枪身，

目视前方;

（2）身体右后转,随体转右手握枪颈向上、向右,左手握把向下、向左做立圆转轮至背后;

（3）身体左转,随体转右手握枪颈向下、向右上方,左手握枪向上、向左下方做立圆轮转;

（4）身体左转,同时双脚原地向左右交换跳步,重心下降,左腿屈膝全蹲,右腿伸直呈右仆步,右手握枪颈随体转向下摔把,左手变掌向左上方伸出,虎口向上,目视枪身。

### 技术要点

（1）跳起时,要展开身体;

（2）摔枪前身体要腾空,仆步、摔枪同时完成,身、枪要协调一致。

图 4-2-10

## 单手抛枪

**动作方法** 见图 4-2-11

（1）重心上起，右手握枪颈向前上方抛枪，枪杆在空中立圆转动半周；

（2）重心上起，右手接握枪把，左手向前抓握枪身，目视枪尖。

**技术要点**

抓枪要稳，位置准确、动作有力。

**错误纠正**

动作利落，不要犹豫。

图 4-2-11

## 弓步拦拿扎枪（共2次）

**动作方法** 见图 4-2-12

（1）左脚向前上步，两腿屈膝呈半马步，右手握把内旋翻腕，左手握枪外旋拦枪，目视枪尖；

（2）右手握把外旋下翻，左手握枪内旋拿枪，目视枪尖；

（3）身体左转，重心左移，左腿屈膝半蹲，右脚伸直呈左弓步，右手握把向前扎枪，目视枪尖；

(4)身体左转,左腿屈膝,右脚伸直呈左弓步,右手握把向前扎枪,目视枪尖。

### 技术要点

(1)扎枪时要求平直有力,右手要猛力向前推送,同时右脚蹬地、转腰,使力量达于枪尖,左手保持原高度不变;

(2)扎枪要有力,两臂要伸直。

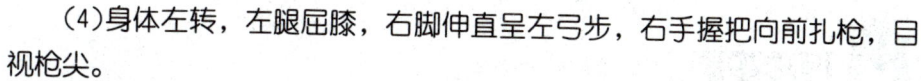

图4-2-12

## 提膝架枪

**动作方法** 见图 4-2-13

(1) 右脚向前上步震脚，脚尖外展，左手握枪上举，右手握把内旋向右上方拉枪，目视左前方；

(2) 右腿伸直独力支撑，左腿屈膝前抬，小腿内扣，脚面绷平，右手单手举枪于头部上方，左手变掌略下落向左推出，目视左掌前方。

**技术要点**

(1) 提膝、架枪、推掌同时完成；
(2) 提膝平衡，膝盖过腰。

图 4-2-13

## 第三节

### 第三段

国际规定套路第三段包括转身跳扎枪、弓步拦拿扎枪、震脚扣腿挑把、回身拿扎枪、回身穿枪等枪术。

**转身跳扎枪**

**动作方法** 见图 4-3-1

（1）左脚向右落步，身体右转，右脚向前上步，右手握把下落至左胸前方，左掌随体转平摆至右手内侧；

（2）左脚向前上步，身体右转，右脚向左前方上步，脚跟着地，重心滞后，目视前方；

（3）重心前移，左腿屈膝上摆，脚面绷平，身体右转，右脚蹬地向上跳起，右腿向体后伸展，同时右手握把单手向前扎枪，左手向左后伸出，虎口向上，目视枪尖。

**技术要点**

（1）动作连贯，转腕灵活；

（2）扎枪时要跳起，右臂要伸直。

图 4-3-1

### 动作方法　见图 4-3-2

（1）双脚同时落地，两腿屈膝半蹲，身体右转呈半马步，右手握把向后抽枪至后腰侧，左手向前抓握枪身，目视枪尖；

（2）右手握把内旋翻腕，左手握枪外旋拦枪，目视枪尖；

（3）右手握把外旋下翻，左手握枪内旋拿枪，目视枪尖；

（4）身体左转，右腿伸直呈左弓步，右手握把向前扎枪，目视枪尖。

### 技术要点

（1）扎枪时要求平直有力，右手要猛力向前推送，同时右脚蹬地、转腰，使力量达于枪尖，左手保持原高度不变；

（2）扎枪要有力，两臂要伸直。

图 4-3-2

### 动作方法　见图 4-3-3

（1）重心后移，右手握把向后抽拉，重心前移，左腿独立支撑，右腿屈膝上抬至左腿内侧；

（2）右脚向下落步震脚，屈膝半蹲，左脚上抬贴靠于左膝后部，身体左转，右手握把随体转向下、向右上滑枪，左手握枪内收至胸前，目视枪把。

第三段

099

### 技术要点

（1）滑枪自然、连贯，扣腿平衡屈膝半蹲；

（2）枪要贴近身体，不要远离。

图 4-3-3

##  回身拿扎枪

### 动作方法  见图 4-3-4

（1）左脚向左落步，两腿屈膝呈半马步，头向左转，左手握枪向左抽拉，右手向左滑枪至右肩前，目视枪尖；

（2）右手握把下翻，左手握枪内旋拿枪，目视枪尖；

（3）身体左转，右腿伸直呈左弓步，右手握把向前扎枪，目视枪尖。

### 技术要点

（1）回身要迅速，拿扎枪划圆；

（2）动作连贯，扎枪有力。

图 4-3-4

## 回身穿枪

**动作方法** 见图 4-3-5

(1) 重心后移，身体右转，右手握把右拉并改变方向握把，目视枪把；

(2) 身体左转，重心上起移至左腿，右脚跟抬起随重心前移向前拖移半步，右手松握枪把向上、向前上方摆臂滑把，左手送枪后变掌摆至体后，枪杆在右手中向前上方穿滑至枪颈部时，右手握紧，目视枪把；

(3) 右脚向前上步，脚尖外展，身体右转，左手向前抓握枪身，右手握枪颈向右下方拉枪并换方向握枪，手心向上，目视枪尖；

(4) 左脚向左上步，脚尖内扣，左手握枪下松，右手松握枪杆，枪在右手中向右前下方穿滑至枪把时，右手紧握，目视枪尖。

### 技术要点

（1）动作连贯，滑枪要迅速；

（2）枪尽量要贴近身体，两手配合要协调。

图 4-3-5

上步拨枪

### 动作方法　见图 4-3-6

（1）右脚向后退步，身体右转，右手握把随体转向右上方拉枪，左手向前抓握枪身并上举；

（2）身体右转，左手握枪向上、向前带枪，右手握把向下收至右腰侧，目视枪尖；

（3）左脚向前上步，脚尖外展，上体左转拧腰，左手握枪随体转向左下方拨枪，右手握把移至右肩前，目视枪尖。

### 技术要点

腰部用力，力达枪身。

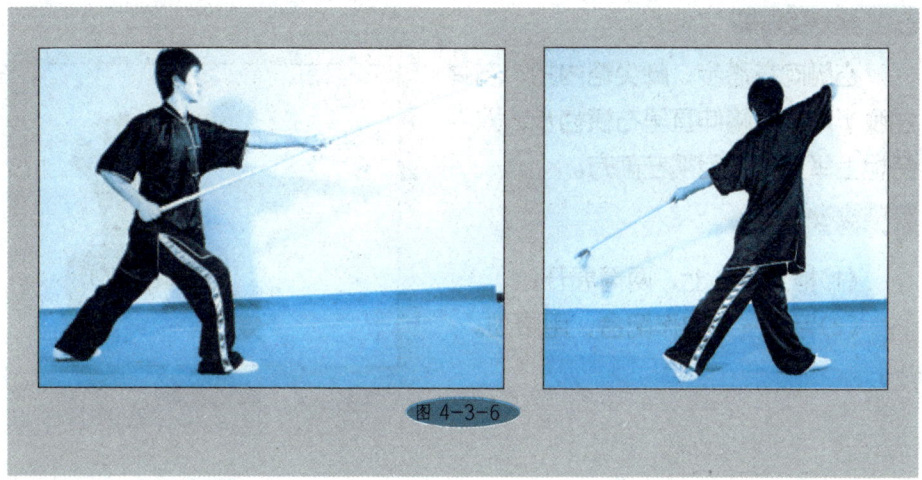

图 4-3-6

## 垫步拿枪

### 动作方法　见图 4-3-7

（1）右腿屈膝上抬贴靠于左膝后部，左脚蹬地跳起后向右落步，左腿略屈，独立支撑；

（2）同时右手握把下翻，左手握枪内旋拿枪，目视枪尖。

### 技术要点

（1）身体略内含，左手略压腕；

（2）身体不要过于直板，眼视枪尖。

图 4-3-7

## 横裆步架枪

**动作方法** 见图 4-3-8

右脚向右落步，脚尖略内扣，右腿屈膝半蹲，左腿伸直呈右横裆步，双手持枪上举架枪，目视左前方。

**技术要点**

（1）枪架于头上，两臂展开；
（2）与前一个动作配合，用腰劲。

图 4-3-8

## 扣腿点枪

**动作方法** 见图 4-3-9

（1）身体右转，左手握枪随体转向上、向前劈枪，右手握把向下收至右腰侧；

（2）身体左转，双手持枪随体转向左下方拨枪，目视枪尖；

（3）重心上起向后移至右腿，左脚向后拖移半步，脚尖点地，左手握枪向后带枪，右手握把上举，目视枪尖；

（4）左脚向前半步，左腿屈膝，独立支撑，右脚上抬贴靠于左膝后部，左手松握枪杆向上、向前滑行送枪至头前方，右手握把与左手同时翘腕点枪，目视枪尖。

### 技术要点

(1)动作要连贯，扣腿、点枪要同时完成；

(2)点枪两臂伸直。

图 4-3-9

### 动作方法  见图 4-3-10

右脚向后落步，左脚向后并于右脚内侧，右手握把向后抽拉至右腰侧，左手滑握枪杆绷枪，枪尖高不过头，目视枪尖。

### 技术要点

(1)左手屈腕与右手下压要猛，但上绷弧度不宜过大；

(2)一压一按配合协调，身体正直。

图 4-3-10

## 第四节

### 第四段

国际规定套路第四段中,包括舞花枪、转身提撩舞花枪、转身跳下扎枪、仆步亮掌等枪术。第四段最后的收势结束。

## 舞花枪

**动作方法** 见图4-4-1

（1）左脚向前上步,身体左转,右手滑握枪杆向上、向前带把,左手松握枪杆向内收至右腋下;

（2）右脚向前上步,身体左转,右手握枪随体转向下、向左立圆转动;

（3）右手握枪向上经前向下、向后立圆转动一周至左腋下,左手握枪向相反方向转动至体前方;

（4）身体右转,左手握枪随体转向下经后向上、向前立圆转动一周至体前方,右手握枪向相反方向转动至右腰侧,目视前方。

**技术要点**

（1）动作连贯,配合协调;
（2）枪要贴近身体,走立圆。

图 4-4-1

## 转身提撩舞花枪

**动作方法** 见图 4-4-2

(1)左脚向前上步，脚尖内扣，身体右后转，双手持枪随体转向下、向前撩枪；

(2)右脚向后退步，身体继续右后转，左手握枪随体转向上、向前立圆转动至体前方，右手握枪向相反方向转动至左腋下；

(3)身体右转，右脚向前半步，同时左手握枪向下经后向上、向前立圆转动一周至体前方，右手握枪向相反方向转动并下滑握把至右腰侧，目视前方。

### 技术要点

（1）动作要连贯协调，枪须走立圆，撩枪转身同时完成；

（2）两臂及两肩动作要放松。

图 4-4-2

## 转身跳下扎枪

### 动作方法　见图 4-4-3

（1）右脚蹬地向前上跳起，左腿屈膝向上抬起，小腿内扣，脚面绷平，身体左转，左手握枪随体转向下、向左后带枪，右手握把上举，目视左后方；

（2）右脚落地，左脚向前落步，双手持枪下落；

（3）右脚向右前方上步，左手握枪向前上方撩起，左手握把收至右腰侧；

（4）左脚向前上步，脚尖外展，身体左转，左手握枪随体转向上、向左下方带枪，右手握把上移至右肩前，目视枪尖；

（5）右腿屈膝上摆，左脚蹬地向上跳起后屈膝上抬，小腿内扣，脚面绷平，右腿向下伸直，同时身体左转拧腰，右手握把单手向前下方扎枪，左手变掌收于右臂内侧，目视枪尖。

### 技术要点

（1）动作连贯，转腕灵活。

（2）扎枪时要跳起，右臂要伸直。

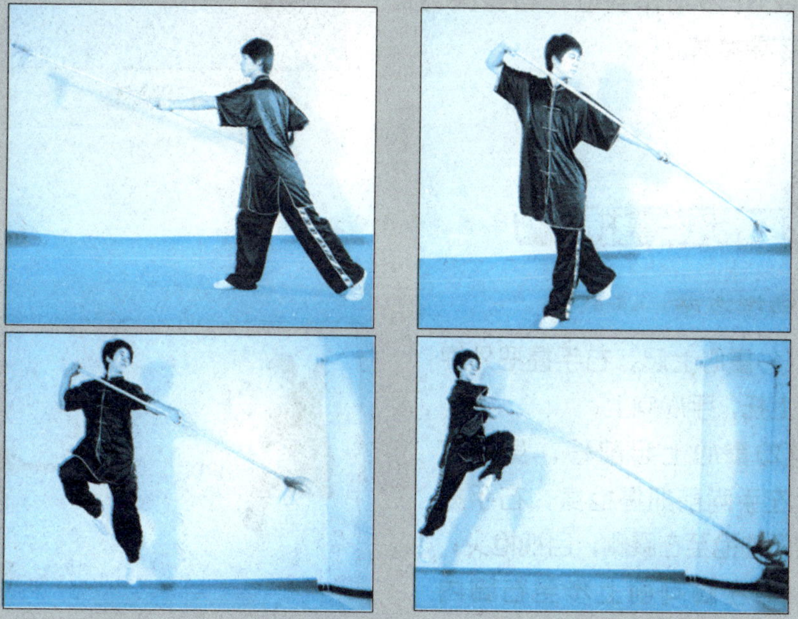

图 4-4-3

## 仆步亮掌

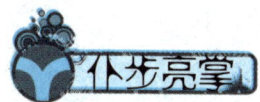

### 动作方法 见图 4-4-4

（1）右脚落地，左脚向后落步，身体左转，左腿屈膝呈左弓步，左掌下落随体转摆至左上方，目视左掌；

（2）身体右转，重心下降，左腿屈膝全蹲呈右仆步，左掌内旋翻掌，虎口向下，头向右转，目视枪尖。

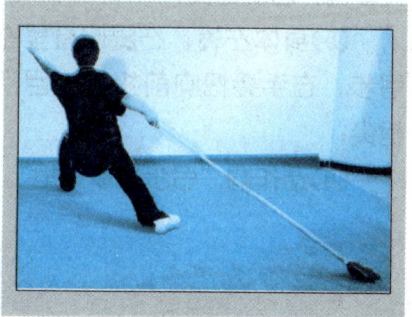

### 技术要点

(1)动作舒展，亮掌、仆步、摆头同时完成；

(2)仆步动作到位，右腿膝盖挺直，不要掀掌。

图 4-4-4

## 弓步拦拿扎枪

### 动作方法　见图 4-4-5

(1)重心上起，右手握把外旋转把上托，手心向上；

(2)重心上起前移，身体右转，左手向前抓握枪身，右手握把向后抽枪至右腰侧，目视枪尖；

(3)左脚向前上步至右脚内侧，前脚掌着地，两腿略屈，同时右手握把内旋翻腕，左手握枪外旋拦枪，目视枪尖；

(4)左脚向左上步呈半马步，右手握把外旋下翻，左手握枪内旋拿枪，目视枪尖；

(5)身体左转，右腿伸直呈左弓步，右手握把向前扎枪，目视枪尖；

(6)动作同"弓步拦拿扎枪"。

### 技术要点

（1）扎枪时要求平直有力，右手要猛力向前推送，同时右脚蹬地、转腰，使力量达于枪尖，左手保持原高度不变；

（2）扎枪要有力，两臂要伸直。

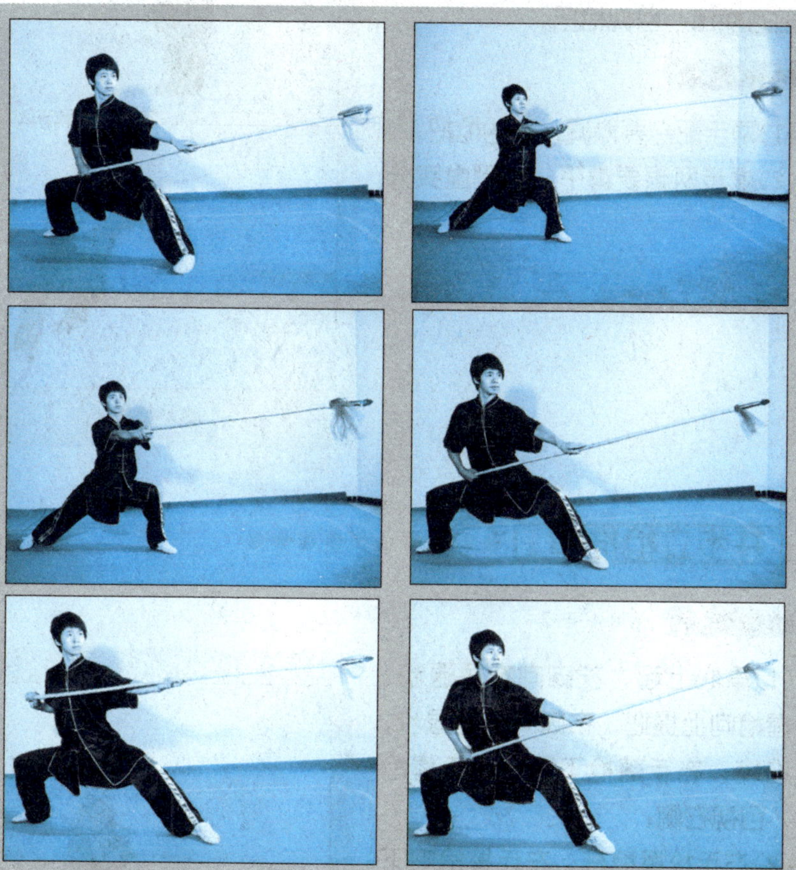

图 4-4-5

### 动作方法　见图 4-4-6

（1）右脚向左脚内侧并步震脚，两腿屈膝，右手握把向后拉枪，目视枪把；

(2)右脚屈膝半蹲，左脚向前伸出，腿略屈，脚尖点地呈虚步，左手握枪屈肘内收至胸前，右手松握滑把向右前方横击，目视枪把。

### 🏵 技术要点

(1)两手配合要协调，力达枪把；
(2)虚步两腿要蹲平，做到虚实分明。

图 4-4-6

## 并步立枪推掌

### 🏵 动作方法　见图 4-4-7

(1)重心上起，左脚向右后退步，右手握枪向上提把，右脚向右后退步，身体右转，右手落枪下落，左手握枪上抬，目视右侧；

(2)右手松握枪杆，左手握枪向下放枪，枪把落地，目视右侧；

(3)左脚向右脚内侧并步，同时左手变掌经胸前向左侧推出，指尖向上，头向左转，目视前方。

### 技术要点

(1)动作连贯,右手松握枪中段,枪身须直立;
(2)胸、腰和颈部要自然挺直。

图 4-4-7

### 收势

**动作方法**　见图 4-4-8

(1)左掌下落至体左侧,目视前方;

(2)右手略向上提枪，右脚向前上步，左脚向前并步于右脚内侧，身体正直，目视前方。

### 技术要点

(1)身体自然直立；
(2)要调整呼吸，目视前方。

图 4-4-8

# 第五章 比赛规则

制定各项运动的比赛规则，有助于比赛参与者了解运动规则的基本知识，以使自己在比赛过程中游刃有余地发挥技术水平。比赛观赏者也只有在了解基本规则的前提下，才能够充分体验观赏比赛的乐趣。

## 第一节 比赛方法

参赛选手要按照一定的方法进行比赛,并须遵循一定的规则,以使比赛有序进行。

### 比赛安排

枪术的比赛安排包括比赛类型、年龄组别和套路时间。

#### 比赛类型

枪术比赛包括个人赛和团体赛。

#### 年龄组别

(1)成年组:18 周岁以上(含 18 周岁)。

(2)少年组:12~17 周岁。

(3)儿童组:不满 12 周岁。

#### 套路时间

(1)枪术自选套路的时间不得少于 1 分 20 秒。

(2)如果分年龄组比赛,则成年组不得少于 1 分 20 秒,少年组不得少于 1 分 10 秒,儿童组不得少于 1 分钟。

### 比赛流程

比赛流程包括进场、起势、收势、退场等。

(1)运动员听到点名或看到电子显示姓名后,应立即进场,待裁判长示意后,即可走向起势位置。

(2)运动员身体任何部位开始动作即为起势(计时开始),集体项目在行进间开始动作者,须事先向裁判申明。

（3）运动员完成整套动作后，须并步收势（计时结束），再转向裁判长行注目礼，然后退场。

（4）运动员应在同侧场内完成相同方向（左右不得超过90度）的起势与收势，集体项目必须在场内完成起势与收势，方向、位置不限。

（5）运动员听到上场比赛的点名和赛后示分时，应向裁判长行抱拳礼。

## 第二节 裁判方法

在比赛过程中，裁判人员通过履行职责，进行正确的裁判工作，来保证比赛的公平、公正。

裁判人员包括裁判长和裁判员。其中，裁判员包括3~5名评判动作规格的裁判员和3~5名评判演练水平的裁判员。

比赛满分为10分，其中动作规格分值为6.8分，演练水平分值3分，创新难度分值为0.2分。

### 裁判员评分

动作规格分满分为6.8分。裁判员根据运动员现场发挥的技术水平，按照动作规格要求，减去对该动作规格中出现的错误进行的扣分和其他的扣分，即为运动员的动作规格分。

1. 动作规格扣分

(1)凡手形、步形、身形、手法、步法、身法、腿法、跳跃、平衡和器械的方法与规格要求轻微不符者，每出现一次扣 0.05 分；与要求显著不符者，每出现一次扣 0.1 分；与要求严重不符者，每出现一次扣 0.2 分。一个动作出现多种错误时，最多扣分不得超过 0.2 分，出现三次以上扣 0.5 分。

(2)同一手形每出现一次轻微错误扣 0.05 分，出现两次扣 0.1 分，出现三次以上扣 0.2 分；同一步形、步法、器械方法出现一次轻微错误扣 0.05 分，出现两次扣 0.1 分，出现三次以上扣 0.3 分；出现一次显著错误扣 0.1 分，两次扣 0.2 分，出现三次以上扣 0.5 分。

(3)凡手法、步法、器械方法中有动作不清的轻微错误，出现一次扣 0.05 分，出现两次扣分 0.1 分，出现三次以上扣 0.3 分。出现一次显著错误扣 0.1 分，出现两次扣 0.2 分，出现三次以上扣 0.5 分。

2. 其他错误扣分

下列错误每出现一次，根据不同程度，予以扣分：

(1)遗忘，扣 0.1~0.2 分。

(2)器械、服装影响动作，扣 0.1~0.2 分。

(3)器械变形，扣 0.1~0.3 分。

(4)器械折断，扣 0.4 分。

(5)器械掉地，扣 0.5 分。

(6)失去平衡，晃动、移动、跳动扣 0.1 分，附加支撑扣 0.3 分，倒地扣 0.5 分。

(7)规定套路的动作路线、方向错误，扣 0.1 分。

## 演练水平分

演练水平分满分为 3 分。裁判员根据运动员现场表现的整套演练水平，按照枪术在功力、演练技巧、编排等方面的标准，整体比较，确定扣分，从该类分值中减去应扣分数，即为运动员的演练水平分。

1. 劲力水平分值为 1 分(劲力、协调各占 0.5 分)

凡劲力充足，用力顺达，力点准确，手、眼、身、法、步配合协调，身体和器械协调，动作干净利落者，不予扣分；凡劲力或协调与要求轻微不符者，扣0.05~0.1分；凡与要求显著不符者，扣0.15~0.3分；凡与要求严重不符者，扣0.35~0.5分。

2.演练技巧分值为1.5分（精神、节奏、风格各占0.5分）

凡精神饱满，节奏分明，风格突出者，不予扣分；凡精神、节奏、风格的任何一面与要求轻微不符者，扣0.05~0.3分；凡与要求严重不符者，扣0.35~0.5分。

3.编排（内容、结构、布局）分值为0.5分

凡符合内容充实、结构合理、变化多样、布局匀称的要求的，不予扣分；凡与要求轻微不符者，扣0.05~0.3分；凡与要求严重不符者，扣0.35~0.5分。

### 裁判员示分

裁判员所示分数可到小数点后两位，小数点后第二位数必须是0或5。

### 应得分数

动作规格分与演练水平分之和即为运动员的应得分数。动作规格分与演练水平分的确定方法为：

(1)3个裁判员评分时,取3个分数的平均值为运动员的应得分；

(2)4~5个裁判员评分时,去掉最高分和最低分,取中间2个或3个分数的平均值为运动员的应得分；

(3)运动员的应得分数只取到小数点后两位,小数点后第三位不作四舍五入。

## 裁判长的扣分

### 起势、收势

(1)起势与收势方向不符合要求者，扣0.1分。

(2)起势与收势有意拖延时间，一个动作达8秒者，扣0.1分；达10秒者，扣0.2分；达12秒者，扣0.3分。

### 重做

运动员因客观原因,造成比赛套路中断者,经裁判长许可,可重做一次,不予扣分。

### 出界

身体的某一部位接触线外地面,扣 0.1 分;整个身体出界,扣 0.2 分。

### 平衡时间不足

凡指定的持久平衡动作的静止时间不足 1 秒者,扣 0.2 分;不足 2 秒者,扣 0.1 分。

### 不足或超出规定时间

(1)如果没有在规定时间内完成套路,不足或超出规定时间在 2 秒内者(含 2 秒),扣 0.1 分;在 2 秒以上至 4 秒以内者(含 4 秒),扣 0.2 分,依次类推。

(2)集体项目不足或超出规定时间在 5 秒内者(含 5 秒),扣 0.1 分;在 5 秒以上至 10 秒以内者(含 10 秒),扣 0.2 分,依次类推。

### 服装不符合规定

在比赛中,发现运动员服装违反规定,则取消其该项成绩。

### 动作组别不够

任何自选套路,动作组别少于规定的要求时,每少一个手形、步形、腿法、跳跃、平衡动作和规定的一种方法,扣 0.3 分。步形和平衡动作,均以定势为准,过渡的或一晃而过的都不算规定的步形和平衡。

### 规定动作的缺少或增加

(1)漏做或增加一个完整的动作,扣 0.2 分。

(2)跳跃动作的助跑步数或行进动作的步数缺少或增加,每出现一次,扣 0.1 分。

### 指定动作的扣分

（1）如未选择一组"指定动作"，除扣去该组指定动作的难度分值外，还应按漏做动作扣分，每漏做一个动作扣 0.3 分。

（2）附加或漏做一个或几个动作时，按动作附加或漏做动作扣分，每附加或漏做一个动作扣 0.3 分。

（3）改变动作可视为附加或漏做。

（4）每改变一次规定要求的方向，扣 0.3 分。如果由于方向改变出现附加或漏做，则应按附加或漏做扣分。

（5）重做指定动作的部分或全部，对动作中错误的扣分，以第一次完成的动作为准。

（6）如自选套路指定动作位置确定表填报错误，将在该项最后得分中扣 0.3 分。

### 裁判长对分数的调整

（1）当评分出现明显不合理现象时，在出示运动员最后得分前，裁判长须报告总裁判长，经总裁判组同意，可召集场上裁判员协商或同个别有关裁判协商，改变分数。

（2）当有效分数（除去最高与最低）之间出现不允许的差数时，在出示运动员的最后得分前，裁判长可召集场上裁判员协商或同个别有关裁判协商，改变分数。

### 最后得分

裁判长从运动员的应得分中减去"裁判长的扣分"再加上"创新难度动作加分"，即为运动员的最后得分。